ARTHUR

PAR

EUGÈNE SÜE

TOME QUATRIÈME.

PARIS

PAULIN, ÉDITEUR

RUE RICHELIEU, 60

1845

ARTHUR.

IMPRIMÉ PAR PLON FRÈRES,
RUE DE VAUGIRARD, 36.

ARTHUR

PAR

EUGÈNE SÜE.

TOME QUATRIÈME.

PARIS

PAULIN, ÉDITEUR,

RUE RICHELIEU, 60.

1845
1846

ARTHUR.

JOURNAL D'UN INCONNU.

LA PRINCESSE DE FERSEN.

(SUITE.)

CHAPITRE L.

UN MINISTRE AMOUREUX.

Ce ne fut pas sans un certain serrement de cœur que je rentrai dans Paris, dont j'étais absent depuis dix-huit mois. J'avais un vague espoir, ou plutôt une vague inquiétude de rencontrer Hélène ou Marguerite.

Je me croyais complétement guéri de ma fatale monomanie de défiance; mon amour profond pour madame de Fersen avait, à mes yeux, opéré ce prodige. Aussi m'étais-je bien promis, dans le cas où j'aurais rencontré ma cousine ou madame de Peñafiel, de leur demander franchement pardon de mes torts, et de tâcher d'effacer, par les soins de l'amitié la plus affectueuse, les détestables folies de l'amant d'autrefois.

Je retrouvai M. de Cernay, qui, de l'Opéra, avait transporté ses amoureux pénates à la Comédie-Française, à la suite de mademoiselle ***, très-agaçante soubrette.

M. de Pommerive était plus gros, plus médisant, plus fâcheux que jamais. Cernay m'accueillit avec une incroyable effusion de cordialité, me demanda des nouvelles de mon voyage avec Falmouth, car rien n'avait encore transpiré.

Comme je me tins fort sur la réserve à ce sujet, autant par caractère que par malice, Cernay et Pommerive finirent par faire les suppositions les plus inouïes sur le prétendu mystère de mes aventures.

Ainsi que j'en étais convenu avec le prince, je priai un homme de ma connaissance, fort lié avec M. l'ambassadeur de Russie, de me présenter à madame de Fersen.

Le prince avait loué un fort bel hôtel meublé dans le faubourg Saint-Germain.

Bientôt son salon fut un des rendez-vous habituels du corps diplomatique et de l'élite de la société parisienne, sans distinction d'opinion politique.

L'apparition de madame de Fersen dans le monde fut une sorte d'événement. Sa beauté, son nom, son esprit, sa réputation de femme politique, mêlée aux plus grands intérêts de notre temps, le respect qu'elle savait inspirer, tout concourut à la placer très-haut dans l'opinion publique.

Bientôt à la juste appréciation des rares qualités qui la distinguaient, succéda l'enjouement le plus prononcé.

Les femmes qui partageaient la sévérité de ses principes furent très-heureuses et très-fières de se recruter un pareil auxiliaire; celles qui auraient au contraire pu craindre sa froideur, et y voir une censure muette de leur légèreté, furent aussi charmées que surprises de sa bienveillance extrême. Certaines d'ailleurs de ne pas trouver en elle une rivale, elles se montrèrent fort enthousiastes de la belle étrangère.

Je ne saurais dire avec quel bonheur je jouissais des succès de madame de Fersen.

J'allai pour la première fois chez elle, un soir, cinq ou six jours après mon arrivée à Paris.

Quoiqu'il fût assez tard, il y avait peu de monde encore. Elle m'accueillit avec beaucoup de grâce; mais je remarquai en elle je ne sais quoi de contraint, d'inquiet, de chagrin.

Il me semblait qu'elle eût désiré me parler en particulier.

Je tâchais de deviner quelle pouvait être sa pensée, lorsque, dans le courant de la conversation, M. de Sérigny, alors notre ministre des affaires étrangères, parla d'enfants, à propos d'un admirable portrait que Lawrence venait d'exposer au Salon...

Madame de Fersen me jeta aussitôt un coup d'œil rapide, et se plaignit de ce que sa fille se trouvant sans doute fort dépaysée, était triste et souffrante depuis son arrivée à Paris; aucune distraction n'avait pu l'arracher à sa mélancolie : ni les jeux, ni la promenade dans le grand jardin de l'hôtel.

« Mais, madame, — dis-je à madame de Fersen, espérant être compris, — ne devriez-vous pas envoyer plutôt mademoiselle votre fille aux Tuileries? Elle y trouverait beaucoup de compagnes de son âge; et, sans aucun doute, leur gaieté la distrairait. »

Un touchant regard de madame de Fersen me prouva que j'étais entendu; car elle reprit avec vivacité : « Mon Dieu! vous avez raison, monsieur; je suis désolée de n'avoir pas songé à cela plus tôt. Aussi, dès demain, j'enverrai ma fille aux Tuileries, je suis sûre qu'elle s'y plaira infiniment, et d'avance je la considère comme guérie... »

A ce mystérieux échange de pensées, je fus heureux de voir que le cœur de madame de Fersen devinait le mien.

De nouvelles visites coupèrent la conversation, le cercle s'agrandit, je me levai, et j'allai causer avec quelques femmes de ma connaissance.

« Ah! mon Dieu, — dit madame de ***, — M. de Pommerive ici!... cet homme-là va donc partout? »

En effet, je vis arriver Pommerive, l'air un peu moins effronté que d'habitude, et suivant pas à pas le chargé d'affaires d'une petite cour d'Allemagne, qui le conduisait sans doute auprès de madame de Fersen.

« C'est une présentation, — me dit madame de ***.

— Si l'on était juste, — repris-je, — ce serait une exposition...

— Mais aussi comment madame de Fersen peut-elle bénévolement recevoir un homme si médisant et si perfide? — reprit madame de ***.

— Pour prouver sans doute l'impuissance des calomnies de cet homme, » — lui dis-je.

Pommerive salua profondément madame de Fersen, se remit à la suite du chargé d'affaires, et tous deux allèrent à la recherche de M. de Fersen.

Quelques minutes après je me trouvai face à face avec Pommerive.

« Tiens! vous êtes ici? » — s'écria-t-il.

Cette exclamation était si ridiculement impertinente, que je lui répondis :

« Si j'étais moins poli, monsieur de Pommerive, c'est moi qui m'étonnerais de vous rencontrer ici.

— Moi, je ne m'en étonne pas du tout, — me dit Pommerive avec une impudente sécurité qu'il devait à son âge et à une réputation de lâcheté cynique, dont j'ai omis de dire qu'il faisait parade... — Je ne m'attendais pas à vous voir... voilà tout. Mais écoutez donc. — Puis, me prenant par le bras, il me dit en m'amenant dans une embrasure de croisée :
— Est-ce que vous connaissez beaucoup le prince de Fersen? »

Malgré l'éloignement que m'inspirait Pommerive, j'étais assez curieux de savoir si le monde était instruit de mon voyage avec la princesse. Or, Pommerive, qui ne laissait pas tomber le moindre bruit, qu'il fût faux ou véritable, pouvait parfaitement m'éclairer à ce sujet.

« Je ne connais pas plus M. de Fersen que vous ne le connaissez, — lui dis-je.

— Mais alors vous le connaissez beaucoup ; — reprit-il avec fatuité.

— Comment cela ?

— Certainement... j'ai dîné hier avec lui, affreusement dîné, il est vrai, chez le baron ***, chargé d'affaires de ***, qui vient de m'amener ici tout à l'heure dans sa voiture... Et quelle voiture ! une infâme calèche à vasistas... qui a l'air d'une melonnière... C'est, du reste, une voiture qui semble faite tout exprès pour aider à digérer ses exécrables dîners, tant elle est dure... car ce pingre-là, j'en suis sûr, amasse des dots à ses six monstres de filles avec ses frais de table ; et il a raison, car, sans dot, qui diable en voudrait, de ses filles ? Mais je reviens au prince...

— C'est bien malheureux pour lui, monsieur de Pommerive.

— Oh ! du tout ! je le ménage, ce cher

prince, car il m'apprécie, et je viens prendre jour avec lui pour notre travail.

— Et quel travail, monsieur de Pommerive? Peut-on, sans indiscrétion, pénétrer ce secret diplomatique?

— Oh! c'est tout simple : il a demandé à ce pingre de baron; — et ici Pommerive ouvrit une parenthèse pour placer une nouvelle méchanceté. — Or, à propos, ce pingre de baron, — reprit-il, — croiriez-vous que lorsqu'il donne ses affreux dîners, une espèce de maître jacques fait une seule fois le tour de la table avec une malheureuse bouteille de vin de Champagne non frappé, qu'il serre précieusement entre ses bras comme une nourrice serre son nourrisson, en vous disant très-vite et en passant plus vite encore : — *Monsieur ne veut point de vin de Champagne...* sans point d'interrogation, le misérable! mais au contraire avec un accent d'affirmation...

— Voyez un peu à quoi sert pourtant la ponctuation, monsieur de Pommerive! Mais revenez donc au prince.

— Eh bien, M. de Fersen ayant demandé au baron de lui enseigner quelqu'un d'un goût sûr et éclairé qui pût lui faire faire une sorte de cours théâtral et le renseigner sur les acteurs, le baron a eu le bon sens de m'indiquer.

— Ah! je comprends, — lui dis-je; — vous allez servir de *cicérone* dramatique à M. de Fersen.

— C'est tout bonnement cela; mais, entre nous, je trouve, moi, ce goût théâtral singulièrement ridicule chez un homme comme le prince. A en juger d'après cet échantillon, ça doit être un bien pauvre sire que ce Fersen. Aussi, je ne m'étonne pas si on dit que sa femme se charge de toutes les affaires diplomatiques. Elle a d'ailleurs bien la figure d'une maîtresse femme... l'air sec et dur... et par là-dessus, dit-on, une vertu à trente-six karats... Qu'est-ce que cela me fait à moi, sa vertu? je ne la lui dispute pas, quoiqu'il n'y ait qu'une voix là-dessus... C'est surprenant!...

— Il y a quelque chose de bien plus surprenant que cela, monsieur de Pommerive?

— Quoi donc, mon cher comte?

— C'est qu'un galant homme n'ait pas le courage d'aller répéter mot pour mot à M. de Fersen toutes les impertinences que vous venez de vous permettre de débiter sur son compte... afin de vous faire chasser de sa maison.

— Parbleu... c'est bien certain que personne n'ira lui répéter ce que je dis sur lui! j'y compte bien, et encore on irait que cela me serait égal, et je n'en démordrais pas...

— Vous vous vantez, monsieur de Pommerive !

— Je me vante ! Ça n'empêche pas qu'une fois on avait été rapporter à Verpuis... vous savez bien Verpuis, qui était si duelliste... que j'avais dit de lui qu'il n'avait que le courage de la bêtise... Verpuis vient à moi avec son air matamore, et me dit devant vingt personnes : Avez-vous tenu ce propos-là, monsieur, oui ou non ? — Non, monsieur, lui répondis-je d'un air aussi très-matamore : — j'ai dit au contraire que vous n'aviez que la bêtise du courage.

— Vous ne lui avez pas dit cela, monsieur de Pommerive.

— La preuve que je le lui ai dit, c'est qu'il m'a donné un coup de pied... je lui ai répondu qu'il fallait être bien misérable pour insulter quelqu'un qui ne se battait jamais, et il a gardé ça pour lui. »

Cette ignoble forfanterie de lâcheté, car Pommerive n'en était pas tout à fait descendu à ce degré de platitude, me révoltait. Je tournai le dos à cet homme, mais je n'en étais pas quitte.

« Vous allez revoir, — me dit-il, — une de vos

anciennes adorations, la jolie petite madame
de V***, dont M. de Serigny, le ministre des
affaires étrangères, est amoureux comme un
fou... On dit véritablement qu'il est à faire en-
fermer depuis qu'il s'est affolé de cette petite
créature... il ne sait plus ni ce qu'il dit ni ce
qu'il fait, aussi ce céladon diplomatique serait-
il à mourir de rire s'il ne faisait pas pitié. Mais
le voici... il faut que j'aille le prier de ne pas
oublier ma recommandation pour mon neveu,
pourvu toutefois que son ridicule amour ne lui
ait pas fait perdre la mémoire comme il lui a
fait perdre l'esprit...

Et l'impudent personnage alla se confondre
en salutations auprès de M. de Serigny.

A ce moment on annonça madame de V***.

Je ne l'avais pas vue depuis mon retour à
Paris. Je la trouvai, si cela peut se dire, ra-
jeunie, tant cette vive et folle physionomie avait
de fraîcheur, de gentillesse et d'éclat.

Madame de V*** se mettait d'une manière à
elle, mais sans rien de voyant ni de bizarre,
et toujours avec le goût le plus parfait.

Le ministre, qui s'était débarrassé de Pommerive, suivait d'un œil inquiet et jaloux les
nombreux saluts que madame V*** rendait de
tous côtés avec sa pétulante coquetterie. Enfin

il me parut un peu rassuré, lorsqu'il vit madame de V*** assise entre lady Bury et une autre femme.

M. de Serigny, alors ministre des affaires étrangères, était un homme de cinquante ans environ, d'un extérieur insignifiant et quelque peu négligé. Il affectait des dehors de brusquerie, de *laisser-aller* irréfléchi, qui, calculés ou non, l'avaient toujours, disait-on, singulièrement servi dans les affaires. C'était un homme d'esprit fin et délié, mais dans le monde il usait rarement de cet esprit; sa grande supériorité se résumait par le silence, ainsi que toute l'expression de sa physionomie se concentrait dans son sourire. Or, ce silence et ce sourire se commentant, se complétant, s'interprétant l'un par l'autre, savaient tour à tour être si admirablement flatteurs, ironiques, malins ou distraits, que ce langage muet avait réellement une très-grande signification.

Jaloux à l'excès, sa passion pour madame de V*** était en effet d'une violence extrême, du moins au dire du monde, dont Pommerive n'était que l'écho fidèle.

Lorsqu'un homme de l'âge, du caractère et de la position de M. de Serigny s'éprend sérieusement d'une femme aussi légère, aussi coquette que l'était madame de V***, sa vie amoureuse ne doit être qu'une longue torture.

Voulant voir M. de Serigny dans son emploi de martyr, je passai derrière la causeuse où était madame de V***, et j'allai la saluer.

Je connaissais la vivacité de ses manières et je m'attendais à l'explosion d'une reconnaissance amicale. J'avais autrefois refusé les conditions qui auraient pu me faire réussir auprès d'elle, mais je l'avais quittée dans les meilleurs termes, en tenant très-secret tout ce qui s'était passé entre nous; or, madame de V***, qui, par malheur, s'était souvent exposée à être peu ménagée, devait me savoir gré de ma réserve.

En effet, à peine eut-elle entendu ma voix, que, se retournant brusquement, elle me tendit la main en s'écriant avec sa volubilité habituelle :

« Quelle bonne surprise ! et que je suis heureuse de vous revoir !... Mais vous êtes donc tombé des nues, qu'on ne savait rien de votre retour ? et moi qui ai justement tant de remercîments à vous faire !... Mais, tenez, donnez-moi votre bras, nous allons nous établir dans quelque coin solitaire du salon voisin ; car vous ne savez pas tout ce que j'ai à vous dire. »

Et la voilà qui se lève, qui perce la foule, qui fait le tour de la causeuse, qui vient prendre mon bras, et nous quittons le grand salon pour une autre pièce où il n'y avait presque personne.

Debout et causant à la porte de cette pièce, étaient madame de Fersen et M. de Serigny.

Madame de V*** avait en tout des façons si compromettantes, qu'avec elle rien n'était insignifiant ; aussi trouva-t-elle moyen, pendant le court trajet d'une pièce à l'autre, de se faire remarquer par son affectation à me parler à l'oreille en s'interrompant de temps à autre pour rire aux éclats.

Au moment où nous passâmes devant madame de Fersen, celle-ci, étonnée des façons bruyantes de madame de V***, me jeta un regard qui me parut inquiet et presque interrogatif.

Le ministre me toisa sournoisement, rougit un peu, modela son plus affable sourire, et dit à madame de V*** d'un air coquet sans être entendu de la princesse : « Vous allez fonder là-dedans une colonie d'admirateurs qui sera bientôt plus considérable que la métropole.

— Surtout si vous ne vous mêlez pas de son administration, — répondit madame de V*** en riant comme une folle ; puis elle ajouta tout bas : — Avouez qu'il n'y a rien de tel que l'amour peur vous rendre stupide. M. de Serigny est un homme d'esprit, et vous l'entendez pourtant ! Est-il réellement flatteur d'inspirer un sentiment qui doit s'exprimer si niaisement, sous le prétexte qu'il est sincère ? — Disant ces mots, elle s'assit près d'une table couverte d'albums, je pris place près d'elle et nous causâmes.

Pendant le cours de cet entretien, deux ou trois fois je rencontrai les regards de madame de Fersen qui, chaque fois qu'elle s'aperçut de mon attention, détourna précipitamment la vue.

M. de Serigny observait continuellement madame de V***, et semblait être au supplice.

Une femme passa, madame de Fersen lui prit le bras, et elle rentra dans le salon.

Le ministre allait sans doute nous rejoindre, lorsqu'il fut arrêté par le baron de ***, qui, selon Pommerive, faisait des dots à ses filles avec ses frais de représentation.

Je ne sais si les affaires dont il entretenait M. de Serigny étaient fort importantes, mais je doute que le ministre leur ait accordé une grande attention, occupé qu'il était à épier madame de V***.

« Ah çà ! — avais-je dit à celle-ci, — c'est donc vrai ? vous tenez donc dans ces mains charmantes le sort de l'Europe ? Le règne des femmes souveraines et des ministres esclaves va donc revenir ? Quel bonheur ! cela sent son *rococo* d'une lieue, et a fort bon air... Tenez, par exemple, dans ce moment-ci, vous me paraissez furieusement embrouiller les destinées du grand-duché de ***, car le chargé d'affaires de cette pauvre cour me paraît à bout de raisonnements, et votre ministre le regarde comme s'il lui parlait turc.

— Épuisons une bonne fois pour toutes ce triste sujet de conversation, — me dit vivement madame de V***, — et n'y revenons plus. Eh bien ! oui, M. de Serigny s'occupe de moi avec acharnement, je ne refuse pas ses soins, et je suis même très-coquette pour lui, parce que je ne trouve rien de plus amusant que de dominer un homme aussi haut placé ; et puis, comme on me suppose autant d'influence sur lui qu'on lui suppose de confiance en moi, vous n'avez pas idée des piéges que me tend le corps diplomatique pour me faire parler.... Or, pour me divertir, je fais naïvement les demi-confidences les plus saugrenues.... Mais vous voyez qu'au bout du compte tout cela peut à peine passer pour des distractions de pensionnaires. Voilà ma confession ; absolvez-moi donc, au moins par pitié, car M. de Serigny est un ennuyeux péché. Maintenant, à votre tour, voyons, dites-moi vos voyages, vos aventures, vos amours; et je verrai si je puis vous absoudre.

— Pour parler votre langage, je vous avoue d'abord que mon plus grand péché est de vous aimer toujours.

— Tenez, me dit madame de V*** en changeant d'accent, de manières, de physionomie, et prenant un ton sérieux que je ne lui connaissais pas encore : — Vous vous êtes noblement conduit envers madame de Pënâfiel ; elle valait mille fois mieux que moi, je la haïssais, je l'enviais peut-être.... car elle méritait tout votre amour ! Je vous ai demandé une lâcheté qui pouvait la perdre, vous avez refusé. Pour vous, rien de plus simple.... Mais cette honteuse proposition que je n'ai pas rougi de vous faire, vous l'avez tenue secrète ; vous ne vous êtes pas servi de cette arme pour frapper une femme que tout le monde attaque, parce qu'elle le mérite peut-être... Aussi, vrai, vrai comme je suis une folle, je n'oublierai de ma vie combien vous avez été bon et généreux pour moi dans cette circonstance ! — Et madame de V*** me regardait d'un air attendri, et je vis une larme rouler un moment dans ses grands yeux, ordinairement si gais et si brillants.

Je fus d'abord tenté de prendre cette larme égarée pour un savant *effet de regard ;* mais l'esprit de cette femme était si mobile, si changeant, que je crus à la sincérité de cette émotion passagère ; j'en fus touché ; mais chez elle la sensibilité ne pouvant être qu'un accident, je repris :

— J'ai fait pour vous ce que tout galant homme aurait fait ; mais vous, faites donc pour moi quelque chose de méritoire... voyons, aimez-moi franchement à votre manière : en coquette, en étourdie, en infidèle si vous voulez, je vous imiterai, et comme on n'est jamais plus aimable que lorsqu'on a des torts à se faire pardonner, nous serons sûrs d'être toujours charmants ; rien ne sera plus délicieux ; nous nous confierons fidèlement toutes nos trahisons ; nous nous tromperons enfin le plus loyalement du monde !...

— Monsieur Arthur, — me dit madame de V***, toujours d'un air sérieux, attendri, et avec un accent qui me semblait presque ému,

— je vais vous dire quelque chose qui paraîtrait, à tout autre qu'à vous, très-inconvenant et très-incompréhensible; mais rappelez-vous ceci, et croyez-le, je vous honore trop.... je vous aime trop... pour vous faire passer pour le successeur de M. de Serigny...

Malgré moi, je fus frappé de l'expression avec laquelle madame de V*** me dit ces mots.

Mais son accès de sensibilité dura peu, car bientôt elle se mit à répondre avec sa malice et sa gaieté habituelles aux galanteries du ministre, qui, s'étant à grand'peine débarrassé du baron de V***, venait de se rapprocher de nous.

Me souciant fort peu d'être en tiers avec M. de Serigny, je me levai. Madame de V*** me dit : — N'oubliez pas que je reste chez moi tous les jeudis matin... afin de ne jamais venir me voir ces jours-là, qui sont le patrimoine des ennuyeux; mais si les autres jours vos succès vous laissent un moment, n'abandonnez pas trop une ancienne amie; vous me trouverez assez souvent le matin, et quelquefois même le soir avant ma toilette en *prima sera*... Puis, accompagnant ces mots du plus gracieux sourire, elle se leva, prit le bras de

M. de Serigny, et lui dit : — Je voudrais une tasse de thé, car j'ai froid...

— Je suis à vos ordres, madame, — dit le ministre, qui avait très-heureusement placé son sourire distrait et indifférent, pendant que madame de V*** m'invitait à venir la voir.

Rentré dans le grand salon, je cherchai des yeux madame de Fersen; je rencontrai son regard qui me sembla sévère.

Je revins chez moi.

Lorsque je ne fus plus sous le charme de la délicieuse figure de madame de V***, et que je comparai cette légèreté hardie à la grâce sérieuse et digne de madame de Fersen; quand je comparais le respect profond, la réserve presque obséquieuse avec laquelle les hommes l'abordaient, aux façons cavalières dont ils usaient envers madame de V***, j'éprouvais de plus en plus combien est puissante la séduction de la vertu, et je sentais mon amour pour Catherine s'en augmenter encore.

J'étais ravi de l'espoir de rencontrer le lendemain Irène aux Tuileries, et d'avoir été si bien compris par madame de Fersen; puis encore il me semblait — était-ce une illusion de l'amour ? — que madame de Fersen avait paru presque triste de ma longue conversation avec madame de V***.

CHAPITRE LI.

LES TUILERIES.

J'attendis avec une extrême impatience l'heure d'aller aux Tuileries, pour y rencontrer Irène.

J'attachais mille pensées d'amour et de dévouement généreux à la présence de cette enfant qui allait arriver toute parfumée des baisers de sa mère, et chargée sans doute pour moi de mille vœux secrets.

Vers une heure, quoiqu'il fît un léger brouillard d'automne, je vis venir Irène avec sa gouvernante, femme excellente, qui avait aussi élevé madame de Fersen.

Ordinairement, à Toulon, à Lyon, par exemple, où nous nous étions arrêtés quelques jours, une des femmes de la princesse, suivie d'un valet de pied, avait été chargée de mener promener Irène.

Je vis avec plaisir que madame de Fersen, en confiant cette fois sa fille à sa gouvernante, dont elle connaissait l'attachement et la sûreté, avait compris la nécessité de tenir ces rendez-vous secrets.

Les larmes me vinrent aux yeux en voyant combien Irène était changée... Sa délicieuse figure était pâle et souffrante, non plus de son habituelle pâleur, délicate et rosée, mais d'une pâleur maladive; ses grands yeux étaient battus, et ses joues, ordinairement si fermes et si rondes, se creusaient légèrement aux pommettes.

Irène ne m'aperçut pas d'abord; elle marchait à côté de sa gouvernante, sa jolie tête tristement baissée, ses bras pendants, et elle refoulait du bout de ses petits pieds les feuilles mortes qui encombraient les allées.

« Bonjour Irène, » — lui dis-je.

A peine eut-elle entendu le son de ma voix qu'elle poussa un cri perçant, se jeta dans mes bras, ferma les yeux et s'évanouit.

Un banc était tout près, je l'y portai, aidé de madame Paul, sa gouvernante.

« Je craignais cette secousse, monsieur, — me dit celle-ci; — heureusement j'ai emporté des sels... Pauvre enfant! elle est si nerveuse!

— Tenez... tenez, — lui dis-je, — le coloris reparaît sur ses joues; ses mains sont moins froides; elle revient à elle. »

En effet, cette crise passée, Irène se souleva, et dès qu'elle fut sur son séant, elle se pendit à mon cou en pleurant silencieusement de grosses larmes que je sentis couler brûlantes sur ma joue.

« Irène, Irène, mon enfant, ne pleurez pas ainsi... je vous verrai chaque jour. »

Et je serrais ses mains en cherchant son regard.

Alors elle se redressa, et, par un mouvement de tête plein de grâce et de vivacité qui lui était familier, elle rejeta en arrière les grosses boucles de cheveux qui cachaient à demi ses yeux tout baignés de pleurs. Puis, attachant sur moi un de ses longs regards pénétrants et attentifs, elle me dit :

« Je vous crois... vous viendrez me voir ici, n'est-ce pas, puisque vous ne pouvez pas venir dans notre maison ?

— Oui, mademoiselle Irène, — dit la gouvernante, — monsieur viendra vous voir chaque jour, mais si vous lui promettez d'être sage... de ne pas pleurer, et de faire ce que le médecin ordonnera...

— Sans doute, mon enfant, sans cela.... vous ne me verriez plus, — ajoutai-je gravement.

— Vous ne verriez plus jamais monsieur, — répéta madame Paul d'un air sévère.

— Mais, Paul, — s'écria Irène en frappant du pied avec une adorable mutinerie, — vous savez bien que maintenant je ne pleurerai plus seule, et que je ne serai plus malade, puisque je le verrai tous les jours. »

La bonne gouvernante me regarda d'un air attendri. J'embrassai vivement Irène, et je lui dis : « Mais expliquez-moi donc, mon enfant, pourquoi vous avez tant de plaisir à me voir ?...

— Je ne sais pas, — répondit-elle en levant ses épaules et en secouant sa tête brune avec une charmante expression d'ignorance naïve. — Quand vous me regardez, je ne puis m'empêcher d'aller à vous... Vos yeux m'attirent... et puis quand vous ne me regardez plus, alors je me sens mal là. — Elle mettait sa main sur son cœur. — Et puis la nuit je vous vois en rêve, avec moi et les anges, là-haut... — Et elle leva son petit doigt et ses grands yeux vers le ciel avec solennité... Puis elle ajouta avec un soupir : — Et puis vous êtes bon comme Ivan...

Je ne pus m'empêcher de tressaillir...

Madame Paul, sans doute instruite de cette mystérieuse aventure, s'écria : « Mademoiselle, songez donc à ce que madame votre mère vous a dit. »

Mais absorbée dans ses pensées, et sans paraître avoir entendu l'observation de sa gouvernante, Irène continua :

« Seulement, quand je rêvais d'Ivan et des anges... je ne voyais jamais ma mère... là-haut ; mais depuis que je rêve de vous... ma mère est toujours avec nous... aussi je lui dis cela, à ma mère ! » — ajouta gravement Irène.

Madame Paul me regarda de nouveau, fondit en larmes, et s'écria : « Ah ! monsieur, toute ma frayeur est que cette enfant ne vive pas... Elle est d'une beauté, d'un sérieux, qui, comme ses idées et son caractère, ne sont pas de son âge... ne sont pas de ce monde. Croiriez-vous qu'excepté à madame la princesse, à vous et à moi, jamais elle ne parle à personne de ce qu'elle vient de vous dire là ?... Madame la princesse lui a bien recommandé de ne pas dire qu'elle vous verrait ici, et je suis bien sûre qu'elle ne le dira jamais... Ah ! monsieur, je prie tous les jours le ciel qu'il nous conserve cette enfant.

— Et il la conservera, croyez-le! les enfants silencieux et pensifs sont toujours rêveurs et un peu exaltés; il n'y a rien d'étonnant à cela... Rassurez-vous... Allons, adieu, Irène; et vous, madame Paul, assurez madame la princesse de Fersen de mes respects, et dites-lui combien je suis reconnaissant de la promesse qu'elle m'a faite de m'envoyer ainsi chaque jour ma petite amie...

— A demain donc, Irène, — et je l'embrassai tendrement.

— A demain, — me dit l'enfant toute souriante d'un bonheur grave et mélancolique. »

Puis sa gouvernante l'enveloppa dans sa pelisse, et Irène s'en alla, non sans se retourner plusieurs fois en me disant encore adieu de sa main.

. . . .

Superstitieux comme je le suis, prédisposé aux sentiments tendres et exaltés par mon amour pour Cathérine, cette conversation avait soulevé en moi les émotions les plus contraires, émotions à la fois sombres et rayonnantes, cruelles et radieuses.

J'étais heureux... car les prédictions étranges de cette enfant, qu'elle répétait à sa mère, devaient, si Catherine m'aimait, me rappeler chaque jour à son cœur... et c'était la voix de son enfant... de son enfant adorée qui lui disait sans cesse mon nom!

Et puis encore, ce rapprochement fatal, étrange, entre la mort d'Ivan et le sort qui pouvait m'atteindre, ne devait-il pas vivement agir sur l'imagination de madame de Fersen, et exciter son intérêt pour moi? Enfin, si elle me voyait peu, ne savait-elle pas que cette réserve de ma part était un sacrifice cruel que je m'imposais pour elle?

Mais aussi d'autres fois, j'avoue cette faiblesse, la persistance d'Irène dans ses prédictions me frappait malgré moi.

J'éprouvais une sorte de vertige, de charme terrible, assez pareil à celui qui vous fait regarder malgré vous au fond de l'abîme que vous côtoyez................

. . . .

A moins que le temps ne fût trop froid ou trop pluvieux, chaque jour la gouvernante d'Irène me l'amenait.

Peu à peu sa santé redevint florissante.

Environ quinze jours après notre première entrevue, Irène m'apporta un gros bouquet de roses, en me disant que c'était de la part de sa mère, mais qu'elles n'étaient pas malheureusement aussi belles que les roses de Khios.

Ce souvenir de Catherine me charma, car je lui avais en effet parlé avec enthousiasme de ces admirables roses.

Depuis, chaque jour Irène me donnait toujours des roses ; puis, chaque jour aussi, elle me disait tout bas d'un air mystérieux, sans jamais se tromper en rien, ce que sa mère devait faire le soir... soit qu'elle dût aller à la cour, dans le monde ou au spectacle.

Grâce à cette aimable prévenance de madame de Fersen, je la rencontrais fort souvent. J'allais régulièrement à ses réceptions, je la voyais donc presque tous les soirs ; mais comme dans le monde je me bornais à la saluer très-respectueusement et à échanger avec elle quelques mots cérémonieux, nos rencontres restaient inaperçues.

Une ou deux fois j'allai à ses matinées ; mais, par un singulier hasard, ou plutôt à cause de l'empressement dont elle était l'objet, je ne l'avais jamais trouvée seule.

J'aurais pu la prier de m'accorder une entrevue qu'elle ne m'eût pas refusée ; mais fidèle à mon plan de conduite, je ne voulais pas la lui demander encore.

Et d'ailleurs, un sourire, un regard que nous échangions mystérieusement dans la foule, ne me payaient-ils pas mille fois de ma réserve et de ma discrétion !

Moi surtout, qui donnerais les prévenances les plus marquées, les plus évidentes pour la plus légère faveur ignorée de tous !

. . . .

Malgré les relations quotidiennes que je conservais avec madame de Fersen par l'intermédiaire d'Irène, malgré nos échanges de fleurs (car chaque jour aussi j'apportais à Irène un beau bouquet de roses que sa mère portait le soir), personne ne soupçonnait cette intimité charmante.

Pour plus de prudence, je voyais tour à tour Irène aux Tuileries, au Luxembourg, à Mousseaux ou sur les boulevards ; je ne me servais pas de mes chevaux pour aller à ces rendez-vous de crainte d'attirer l'attention.

Je m'enveloppais dans un manteau ; enfin je me plaisais à mettre autant de mystère dans ces entrevues que s'il se fût agi de madame de Fersen elle-même.

C'était une folie... mais j'attendais l'heure de voir cette enfant innocente et candide avec une impatience amoureuse, inquiète, ardente ;

je comptais les minutes, les secondes, je craignais, j'espérais tour à tour, j'éprouvais enfin toutes les irritantes et délicieuses angoisses de l'amour le plus passionné...

C'est qu'aussi j'avais tant de hâte de commenter chaque mot d'Irène, pour y chercher, pour y deviner la secrète pensée de sa mère!!... Et, quand je croyais pouvoir interpréter cette pensée d'une manière plus tendre que d'habitude, je retournais chez moi le paradis dans le cœur...

Trésors inépuisables d'un amour chaste et pur!... les sages, les athées ou les esprits forts en amour vous railleront sans doute! Moi-même, avant mon séjour à Khios, je n'en aurais pas compris tout le charme.

. . . .

J'étais donc plus amoureux que jamais.

Madame de Fersen prenait chaque jour, par le rare assemblage de ses qualités, une grande autorité dans le monde; la calomnie elle-même l'admirait, la louait outre mesure, afin de se donner sans doute une couleur d'impartialité qui devait rendre ses autres accusations plus dangereuses.

Mes entrevues avec Irène duraient depuis trois semaines environ.

Un soir, à une des réceptions de madame de Fersen, le prince me dit en confidence :

« L'air subtil et léger de Paris est mortel aux idées sérieuses ; les futilités du monde l'emportent sur la raison... Croiriez-vous que la *femme de César* devient fort indifférente aux intérêts de l'empire ? En un mot, croiriez-vous que madame de Fersen devient d'une insouciance inimaginable en politique ? concevez-vous quelque chose à cela ? »

Rapprochant ce symptôme des marques d'impatience ou d'inquiétude que Catherine avait témoignées pendant le long entretien que j'avais eu chez elle avec madame de V***, je résolus de pousser plus loin cette observation.

Le lendemain, à un bal de l'ambassade d'Angleterre, où se trouvait madame de Fersen, je rencontrai madame de V***.

Toute la soirée je m'occupai d'elle avec assiduité ; j'observai la physionomie de madame de Fersen : elle fut impassible.

Le lendemain je craignis, ou plutôt j'espérai qu'Irène ne viendrait pas à son heure accoutumée, ou qu'elle viendrait peut-être sans bouquet ; j'aurais vu dans ce changement une preuve de dépit ou de jalousie de la part de madame de Fersen... Mais Irène et le bouquet de roses parurent comme à l'ordinaire.

Piqué de cette indifférence, voulant m'assurer si elle était réelle et aussi complétement égarer l'opinion du monde, je persistai à rendre les soins les plus évidents à madame de V***.

Celle-ci, enchantée de trouver le moyen de faire damner le ministre et de le tenir toujours en éveil et en émoi, m'encourageait de toutes ses forces.

Elle appelait ce manége de coquetterie cruelle, *jeter du bois dans le feu...*

Or, au risque de passer pour une bûche (aurait dit Du Pluvier), j'alimentai si bien la jalousie dévorante du ministre, qu'après huit ou dix jours de cette espèce de cour, moi et madame de V*** nous nous trouvâmes horriblement compromis; et il fut généralement convenu et prouvé que le règne ou plutôt que l'esclavage du ministre était fini.

Je m'aperçus de la gravité de ces bruits ridicules à l'air affectueux, courtois et familier du ministre, qui était beaucoup trop du monde pour paraître froid ou maussade avec le rival qu'on lui supposait.

Cette découverte m'éclaira sur l'étourderie

de ma conduite, qui pouvait non-seulement chagriner beaucoup madame de Fersen si elle m'aimait, mais qui devait encore me faire un tort irréparable dans son esprit. Par instinct, je sentis que j'avais poussé l'épreuve trop loin...

Ce qui aggrava ces craintes, fut une circonstance singulière.

Un soir, à un concert chez lord P***, j'étais resté longtemps à causer avec madame de V***. Nous étions dans un petit salon où quelques personnes s'étaient d'abord réunies; peu à peu elles se retirèrent pour aller prendre le thé, et nous nous trouvâmes seuls madame de V*** et moi.

La cause de ma préoccupation était naturelle; madame de V*** venait de m'apprendre qu'une lettre de Rome lui annonçait l'arrivée de madame de Pënâfiel dans cette ville...

Pendant cet entretien je jetai par hasard les yeux sur une glace qui reflétait la porte du salon : quel fut mon étonnement d'apercevoir madame de Fersen qui attachait sur moi un regard douloureux!

Je me levai, elle disparut.

. . . .

J'attendis le lendemain avec angoisse.

Irène vint, comme à l'ordinaire, avec son

bouquet de roses, et me dit que sa mère allait le soir aux *Variétés*.

Je lui fis répéter deux fois ce renseignement, car le choix de ce théâtre me semblait singulier; mais pensant au goût du prince pour les vaudevilles, je me l'expliquai.

J'envoyai prendre une stalle, et j'allai le soir à ce théâtre.

CHAPITRE LII.

L'OURS ET LE PACHA.

On donnait ce soir-là aux Variétés, entre autres pièces, *l'Ours et le Pacha,* triomphe de M. de Fersen, qui avait rempli, à Constantinople, le rôle de *Schaabaham* avec le plus grand succès, et qui brûlait du désir de voir *Brunet* jouer le même personnage.

Madame de Fersen arriva sur les neuf heures avec son mari et madame la duchesse de ***. Elles se placèrent dans un avant-scène de baignoires aux grilles à demi levées.

Catherine m'aperçut et me fit un salut très-gracieux.

Je la trouvai pâle et changée.

On joua je ne sais plus quelle pièce, et dans l'entr'acte j'allai voir madame de Fersen.

Elle était souffrante. Je la regardais avec intérêt, lorsque le prince me dit : « Soyez notre juge; vous voyez rarement madame de Fersen, et vous pouvez mieux que personne vous apercevoir de ce changement : ne trouvez-vous pas qu'elle a beaucoup maigri ?

Je répondis que non; que madame de Fersen me paraissait jouir d'une santé parfaite. Le prince me dit que j'étais un infâme courtisan, etc.

La toile se leva, je sortis de la loge.

Je revins à ma stalle.

On commença *l'Ours et le Pacha.*

Cette bouffonnerie ne dérida pas madame de Fersen, mais M. de Fersen applaudit avec frénésie, et j'avoue que je partageai l'hilarité générale.

Un des rieurs les plus bruyants était un homme placé absolument devant moi, et dont je ne voyais que les cheveux épais, gris et crépus.

Je n'avais jamais entendu d'éclats de rire si

joyeux et si francs; ils allaient quelquefois jusqu'à la convulsion. Dans ces cas extrêmes, l'homme se cramponnait à deux mains à la barre qui sépare les stalles de l'orchestre des musiciens, et, fort de ce point d'appui, il s'en donnait à cœur joie.

Rien n'est plus contagieux que le rire; or, déjà mis fort en gaieté par les lazzis de la pièce, la folle hilarité de cet homme me gagna malgré moi, et bientôt je ne fus plus pour ainsi dire que son écho, car je répondais à chacun de ses éclats immodérés par une explosion de ris non moins désordonnés...

En un mot, je ne m'aperçus pas que madame de Fersen avait quitté la salle avant la fin de la pièce.

La toile baissée, je me levai.

L'homme qui riait si fort en fit autant, se tourna de mon côté en mettant son chapeau, et dit ces mots avec un reste de profonde jubilation : « Farceur d'Odry! va!!! »

Stupéfait, je m'appuyai sur le dossier de ma stalle...

Je reconnus le pirate de Porquerolles, le pilote de Malte...

Je restai cloué à ma place, qui se trouvait la dernière au fond de l'orchestre.

La sienne étant en face de la mienne, personne n'avait à passer devant nous, et les spectateurs s'écoulaient lentement.

C'était bien lui !

C'était bien son regard, c'était bien sa figure osseuse et cuivrée, ses sourcils noirs et épais, ses dents aiguës, séparées et pointues, car il souriait de son singulier sourire en me regardant avec audace.

La rampe du théâtre se baissait, l'obscurité envahissait la salle.

« C'est vous !... — m'écriai-je enfin en sortant de ma stupeur, et comme si ma poitrine eût soulevé un poids énorme.

— Eh ! sans doute, c'est moi ! vous me reconnaissez donc ?... Porquerolles et Malte ! voilà le mot d'ordre.

— Misérable !... — m'écriai-je.

— Comment, misérable ? — reprit-il avec une incroyable effronterie. — Nous nous sommes pourtant cognés bon jeu bon argent, j'espère ! Si dans l'abordage je vous ai donné un coup de poignard à l'épaule, vous m'avez répondu par un fameux coup de hache sur la tête, mon bon ami ! D'un autre côté, si vos chiens d'Anglais ont échiné l'équipage de mon mystic, j'ai eu l'avantage de crever le ventre

au yacht de votre lord sur les brisants de la
Wardi ; nous sommes donc quittes. Maintenant,
nous nous rencontrons tous les deux à rire
comme des bossus à *l'Ours et le Pacha*, et, au
lieu de trouver la rencontre originale, vous
vous fâchez ! Savez-vous que c'est joliment
bourgeois, ça, mon bon ami ! »

Je l'avoue, tant d'audace me paralysait. —
Mais si je vous faisais arrêter ? — lui criai-je
en me levant et en lui mettant la main au
collet.

Toujours impassible, le pirate me répondit
sans essayer de se débarrasser de moi.

« Et vous feriez là un joli métier, je m'en
vante ! Sans compter que ça vous serait encore
facile de faire comprendre et de prouver à un
imbécile de commissaire de police de Paris,
comme quoi j'ai abordé votre yacht par le travers du cap Spartel, et comme quoi je l'ai fait
naufrager sur les roches de la Wardi... au sud
quart sud-ouest de la côte sud de l'île de
Malte !... Il croirait que vous parlez turc, et il
vous prendrait pour un fou, mon bon ami....
Or, pour fou, je déclare que vous ne l'êtes pas.
Vous êtes même un gaillard qui avez le poignet rude et qui n'avez pas froid aux yeux.
Aussi, si ma vie n'appartenait pas pour le

quart d'heure à ma fiancée, à mon intéressante fiancée, — ajouta-t-il d'un air goguenard et en appuyant sur ce mot, — je vous proposerais de reprendre la conversation où nous l'avons laissée lors de l'abordage du yacht; mais foi d'homme, ma petite femme m'attend...., et j'aime mieux cette conversation-là.

— Allons, allons, messieurs, on va fermer les portes, — dit le contrôleur de l'orchestre.

— C'est vrai, nous bavardons là comme des pies. Jeune homme, adieu, au revoir ! — me dit le pirate.

Et en deux bonds il disparut.

J'étais tellement confondu qu'il fallut un nouvel avertissement du contrôleur pour me faire sortir de la salle.

. . . .
. . . .

Lorsque, rentré chez moi, je songeai à l'étonnement stupide que m'avait causé l'étrange rencontre du pirate de Porquerolles, je m'accusai d'abord de faiblesse, je me reprochai de n'avoir pas fait arrêter ce brigand; mais, ainsi que celui-ci me l'avait judicieusement fait observer, il m'eût été assez embarrassant de prouver immédiatement ce que j'avançais; aussi, réfléchissant aux difficultés de l'entreprise, je trouvai ma conduite plus rationnelle que je ne l'avais cru d'abord.

Néanmoins je voulus instruire M. de Serigny de la présence de ce misérable à Paris et de son double crime, qui intéressait spécialement l'Angleterre; M. de Serigny pouvant seul, comme ministre des affaires étrangères, appuyer et favoriser les démarches que tenterait nécessairement lord Stuart, alors ambassadeur de cette nation, pour rassembler les preuves du délit et obtenir l'extradition du coupable.

Le lendemain j'écrivis donc un mot au ministre pour lui demander quelques moments d'entretien.

CHAPITRE LIII.

L'ENTREVUE.

Je me disposais à sortir pour me rendre au Luxembourg, où j'espérais rencontrer Irène, lorsque je reçus une lettre de madame de Fersen qui me priait de passer chez elle vers deux heures.

Depuis son arrivée à Paris, je ne l'avais pas vue seule.

A quoi devais-je attribuer le désir qu'elle m'exprimait? au besoin de me voir? au secret dépit des bruits qui couraient sur ma liaison prétendue avec madame de V***? bruits que Catherine croyait peut-être fondés, depuis qu'au concert de lord P*** elle m'avait surpris en tête-à-tête avec madame de V***.

Je ne sais, mais j'attendis notre entrevue avec un bonheur inquiet et un trouble involontaire.

J'allais revoir Catherine, la revoir seule! A cette pensée mon cœur battit d'espoir et d'ivresse ; enfin, un mot d'elle allait récompenser ma résignation, les courageux sacrifices que je m'étais imposés, les soins assidus auxquels son enfant devait presque la santé.

J'allais puiser dans cet entretien de nouvelles forces pour mieux me dévouer encore ; et puis, j'avais tant à lui dire! J'étais si orgueilleux de mon amour! si heureux de me sentir le cœur assez jeune pour apprécier les joies pures qui me ravissaient! de me sentir assez confiant dans la force, dans la sincérité de mon attachement, pour espérer de me faire aimer un jour! . . . .

. . . .

A l'heure dite je me rendis chez madame de Fersen.

Elle me reçut dans un petit salon où elle se tenait habituellement, et que je ne connaissais pas encore.

« Qu'il y a donc longtemps que je ne vous ai vue ! » — m'écriai-je avec effusion en lui tendant la main.

Madame de Fersen me donna froidement la sienne, et me répondit :

« Mais j'ai eu, je crois, le plaisir de vous voir hier aux Variétés, monsieur !...

— Vous appelez cela nous voir ! — lui dis-je avec un triste étonnement. — Ah !... j'avais bien raison de craindre que les *entretiens de la galerie* ne fussent bientôt oubliés par vous!

— Je n'oublierai jamais, monsieur, un si agréable voyage, — reprit madame de Fersen avec la même froideur. Je vous suis très-obligée de la peine que vous avez prise ce matin... de venir me voir... je désirais vous remercier mille fois, monsieur, de la complaisance avec laquelle vous vous êtes prêté aux fantaisies de ma fille... elle se trouve tout à fait bien maintenant, et je craindrais... et il ne me convient pas d'abuser plus longtemps de votre excessive obligeance à son égard, monsieur...

L'accent de madame de Fersen était glacial, presque dédaigneux. Ce qu'elle disait paraissait si vrai, si naturel, si peu dicté par le dépit, que je fus atterré... Je souffrais cruellement; je ne pouvais trouver un mot à répondre.

Mon silence fut assez expressif pour que madame de Fersen se crût obligée d'ajouter très-sèchement :

« Je vous parais sans doute bien ingrate, monsieur? »

Par deux fois je cherchai à interroger son regard, ordinairement si bienveillant, pour voir s'il serait d'accord avec la dureté de ses paroles...... mais je ne pus le rencontrer.

« Madame, — lui dis-je avec une émotion profonde, — je ne sais ce qui a pu me mériter un pareil accueil...

— Et quel accueil pouviez-vous donc prétendre de moi, monsieur? » — me dit fièrement madame de Fersen.

Mon douloureux étonnement était à son comble; un moment pourtant je voulus me faire encore illusion, attribuer à la jalousie cette réception si différente de celle que j'espérais; mais, je le répète, la physionomie de madame de Fersen ne trahissait en rien une émotion contrainte ou combattue.

Je pris résolument mon parti. Je ne pouvais répondre à la question de madame de Fersen sans lui rappeler tout ce qu'il y avait eu de bien et de noble dans ma conduite envers elle; ne voulant pas descendre jusqu'aux reproches, je me tus à ce sujet, et je lui dis en tâchant de ne pas trahir mon émotion :

« Le but de l'entretien que vous désiriez avoir avec moi étant sans doute rempli, madame, oserai-je vous demander si vous n'avez pas quelque ordre à me donner?

— Aucun, monsieur, mais je vous réitère encore l'expression de toute ma reconnaissance, » — me répondit madame de Fersen en se levant.

Cette dureté me révolta. J'allais peut-être répondre avec aigreur, lorsqu'une remarque que je n'avais pas encore faite me laissa une lueur d'espérance.

Pendant cet entretien madame de Fersen n'avait pas une fois levé les yeux de dessus la tapisserie à laquelle elle travaillait.

Voulant m'assurer encore de la justesse de ma remarque, je demeurai quelques instants sans parler.

L'ENTREVUE.

Catherine resta les yeux baissés, au lieu de m'interroger du regard pour savoir la cause de ma présence muette.

« Adieu, madame, — lui dis-je.

— Adieu, monsieur. »

Je la quittai donc sans qu'elle m'eût accordé un seul regard de regret ou de pitié.

Sa main seulement me parut légèrement trembler sur sa tapisserie quand elle me dit adieu.

Je sortis... la mort dans le cœur.

. . . .

J'avais une trop grande et une trop naturelle défiance de moi-même et de mon mérite pour conserver quelque espérance de réussir auprès de Catherine.

Sans revenir à mes habitudes de suspicion envers les autres, car j'avais une foi inaltérable dans la sincérité de madame de Fersen, je doutai du sentiment que je croyais lui avoir inspiré ; elle n'éprouve aucune tendre affection pour moi, me dis-je, et son amitié même a pâli devant les brillantes distractions du monde.

Et puis, je n'étais jamais près d'elle ; or, l'absence a des effets et des résultats extrêmes.

Quelquefois elle fortifie, elle alimente la sympathie secrète d'une femme, en forçant sa pensée de se concentrer dans le souvenir de celui qu'elle a remarqué, et de qui elle s'exagère encore le charme par ce lointain mirage. Et puis une femme trouve une sorte de jouissance fière, triste et mystérieuse dans l'amertume de ses regrets solitaires : elle méprise les indifférents, car ils occupent inutilement près d'elle une place qu'elle voudrait voir si précieusement remplie ; et elle hait les empressés, parce qu'ils ont la lâcheté d'*être là* tandis que le préféré n'y est pas...

Mais, souvent aussi, l'absence c'est l'oubli... Car certains cœurs sont comme les miroirs : ils ne réfléchissent que les objets présents.

Je me crus donc entièrement oublié de madame de Fersen. Comme cet événement cruel était entré dans mes prévisions, s'il me causa une douleur profonde, au moins ne m'étonna-t-il pas.

Dans le paroxisme de mon désespoir, je formais mille projets. Je voulais secouer ce chagrin, me livrer à toutes les dissipations de la vie, chercher d'amoureuses distractions dans une autre liaison ; mais il faut bien du temps, bien de la volonté, pour qu'un cœur profondément épris puisse changer d'amour.

Lorsqu'ils se savent aimés, et qu'ils possèdent la femme qu'ils aiment, jamais les hommes n'éprouvent le moindre scrupule à faire une infidélité ; mais lorsqu'ils désirent passionnément, et qu'ils sont encore à espérer un aveu, l'inconstance leur est presque impossible. Ils n'ont le courage d'être fidèles que tant qu'ils n'ont pas le droit de l'être.

CHAPITRE LIV.

UNE MISSION.

Le lendemain de mon entrevue avec madame de Fersen, j'étais très-tristement absorbé, lorsqu'on m'annonça M. de Serigny.

Je fus assez étonné de sa visite, qu'il m'expliqua fort gracieusement, d'ailleurs, en me disant que, passant devant ma porte en allant à la Chambre, il était entré à tout hasard, afin de m'épargner la peine de me rendre au ministère, au sujet de l'entretien que je lui avais demandé.

Cet empressement ne me parut pas d'abord naturel ; mais, réfléchissant aux bruits qui couraient sur moi et sur madame de V***, je pensai que le ministre avait sans doute voulu faire quelque chose de très-bon goût en se montrant si prévenant.

En peu de mots je lui racontai l'histoire du pirate, et notre singulière rencontre aux Variétés.

M. de Serigny me dit qu'il allait immédiatement en conférer avec l'ambassadeur d'Angleterre, et qu'il aviserait aux mesures à employer pour tâcher de saisir un pareil scélérat.

Notre conversation étant ensuite tombée sur les voyages, M. de Serigny s'informa avec intérêt de ceux que j'avais faits, fut très-flatteur, très-insinuant, très-aimable, me dit qu'il avait beaucoup connu mon père sous l'empire; que c'était un homme de haute capacité, de grande résolution, de tact très-fin, qui connaissait à merveille le monde et les hommes, et que l'empereur l'aurait employé assurément en dehors du service militaire, en lui confiant de hautes missions, si le caractère entier, absolu de mon père avait pu se plier à toutes les volontés de Napoléon.

Je cherchais à deviner la tendance des discours flatteurs de M. de Serigny, lorsqu'il me dit avec une bonhomie charmante :

« Voulez-vous permettre à un ancien ami de votre famille de vous faire une question! Si elle vous semble indiscrète, ne l'attribuez qu'à l'intérêt que je vous porte au nom de M. votre père.

— Je vous écoute, monsieur, je ne puis être que sensible à la bienveillance que vous me témoignez.

— Eh bien, comment se fait-il qu'avec votre éducation, votre nom, votre fortune, votre position ; qu'avec l'expérience que vous ont donnée vos nombreux voyages, qu'avec toutes vos excellentes relations enfin, vous n'ayez jamais songé à vous occuper un peu sérieusement? à entrer, par exemple, dans les affaires?

— Mais, — répondis-je au ministre, — d'abord je suis loin de réunir les avantages que vous me supposez, et puis je n'ai pas la moindre ambition, et ma vie paresseuse me plaît fort.

— Mais votre pays?

— Comment, mon pays?

— Ne lui devez-vous pas au moins quelques années de votre existence?

— Et que voulez-vous qu'il fasse d'un pareil cadeau?

— Allons, allons, il est impossible que vous

vous abusiez à ce point sur vous-même, tel modeste que vous soyez. Vous savez bien qu'on n'a pas le succès que vous avez dans le monde, sans une valeur très-remarquable. Vous êtes certainement un des hommes de la société qui se prodigue le moins, et dont on parle le plus; or, voyez-vous, à moins d'avoir un des grands noms historiques de France, à moins d'être un grand poète, un grand artiste ou un grand homme d'État, ce qu'il y a de plus rare à acquérir dans le monde, croyez-en ma vieille expérience, c'est ce je ne sais quoi qui fait qu'on se retourne quand on vous annonce dans un salon... Eh bien, vous jouissez de ce privilége-là : vous êtes très-jeune, et pourtant vous avez de l'influence, de l'action sur le monde, puisqu'il se préoccupe beaucoup de ce que vous faites ou de ce que vous ne faites pas. »

Ces flatteries exagérées me parurent si transparentes que je vis clairement que M. de Serigny voulait, qu'on excuse cette vulgarité, *me prendre par les sentiments* pour m'engager à renoncer par point d'honneur à madame de V***. Quoique je fusse dans une triste disposition d'esprit, cette comédie m'amusa, et je tâchai de la faire durer le plus longtemps possible en paraissant me laisser prendre aux louanges de M. de Serigny.

« Mais, — lui dis-je avec un sourire modeste, — en admettant, monsieur, ce qui n'est, je crois, qu'une illusion de votre bienveillance, en admettant, dis-je, que j'aie quelque succès dans le monde, et que même, relativement à mon âge, j'y sois un peu compté, je ne vois pas trop quelle utilité *mon pays* peut tirer de ces avantages.

— Personne mieux que moi ne peut vous en instruire, — me répondit le ministre avec un empressement assez maladroit, car il me prouva qu'il attendait cette question de ma part. — On fait de grands mots, de grandes phrases à propos de ce qu'on appelle la diplomatie... Or, le grand art de la diplomatie, savez-vous ce que c'est ? » me demanda-t-il en accompagnant ces paroles d'un sourire rempli de bonhomie.

Je fis un signe de tête humblement négatif.

« Eh bien ! c'est tout uniment l'art de plaire... Comme il s'agit toujours de demander ou de refuser, celui qui sait plaire sait presque toujours obtenir; tandis que, s'il est obligé de refuser, il sait mettre assez de grâce dans ses refus pour qu'ils ne soient pas blessants. Voilà tout le secret ! »

J'eus beaucoup de peine à réprimer une forte envie de rire; car il me vint à l'esprit que le ministre, jaloux de mes assiduités auprès de madame de V***, allait finir par me proposer de m'attacher à quelque ambassade pour se débarrasser de moi.

C'était sans doute le dénoûment de cette scène, mais je la trouvais si divertissante que je ne voulus pas le brusquer.

« Je croyais, — lui dis-je, — que les habiles négociateurs d'un des siècles les plus féconds en grands traités et en grands travaux diplomatiques, je croyais, dis-je, que les d'Avaux, que les Courtin, que les d'Estrade, que les Ruvigny, que les de Lyonne possédaient d'autre talents que celui de plaire.

— S'ils n'avaient pas l'art de plaire, — me dit avec quelque embarras M. de Serigny, qui me parut ignorant des traditions historiques de sa spécialité, comme un véritable ministre constitutionnel qu'il était, — s'ils n'avaient pas l'art de plaire, ils employaient une autre séduction.

— Vous avez raison, — lui dis-je, — ils avaient de l'or à discrétion.

— Vous voyez donc bien! — s'écria le ministre, — c'est toujours la même chose; seulement, dans les sociétés modernes, l'art de plaire a dû remplacer la séduction opérée par l'argent.

— C'est d'abord plus économique, — lui dis-je.

— Et plus sûr, — ajouta-t-il; — car enfin tous les trônes ne sont pas représentatifs : il y a, Dieu merci! en Europe des rois qui sont rois tout seuls, et qui marchent sans lisières; eh bien! ces rois-là sont hommes, après tout, et, comme hommes, ils sont sujets aux sympathies et aux antipathies. Or, souvent l'ambassadeur qu'on leur envoie, fût-il un homme du plus grand génie, du plus grand caractère, n'obtient rien de ce qu'il leur demande pour sa cour; et pourquoi cela? tout bonnement parce qu'il déplaît; tandis qu'au contraire, un homme d'un talent médiocre obtiendra souvent, par le seul ascendant de ses manières, parce qu'il *saura plaire,* enfin, obtiendra, dis-je, ce que l'homme de génie n'aura pas su obtenir.

— C'est très-juste, et votre système est d'une application d'autant plus facile que les gens *de plaisance* sont encore plus nombreux que les hommes de génie...

— Mais sans doute!... Ainsi, vous, par exemple, je suis convaincu, mais intimement convaincu que, si vous vouliez, je suppose, entrer dans la carrière diplomatique, vous pourriez rendre à la France les plus grands services; car, non-seulement vous avez l'art de plaire, vos succès dans le monde le prouvent, mais vous avez encore des qualités très-solides et très-éminentes. »

J'avais deviné juste : la proposition que je soupçonnais allait sans doute suivre l'éloge de mon mérite. Voulant me prêter de bonne grâce à cette fantaisie du ministre, je répondis en feignant un étonnement confus de modestie :

« Y pensez-vous ? Moi, monsieur, moi entrer dans une carrière si épineuse! mais je n'ai jamais eu la folle ambition de prétendre à un tel avenir.

— Écoutez-moi, » me dit M. de Serigny d'un air grave et paternel.

Et il me fit la confidence suivante, qui me parut un affreux mensonge :

« M. votre père m'a rendu un service... » Ici le diplomate fit une pause et un profond soupir... Puis il leva les yeux au ciel en répétant .. « Oh! oui, un grand service!... Aussi, mon cher monsieur de ***, je ne saurais vous dire combien je m'estimerais heureux de pouvoir vous témoigner, à vous son fils, toute ma gratitude, puisque j'ai été assez malheureux pour ne pouvoir pas la lui témoigner à lui-même.

— J'ignorais complétement cette circonstance, dont mon père ne m'a jamais instruit, monsieur.

— Je le crois bien, et moi-même je ne puis vous donner aucun détail à ce sujet ! — s'écria M. de Serigny, — car cet important service intéresse aussi un tiers... et l'honneur m'impose le silence. Enfin, — reprit-il, — je vous le répète, je crois trouver en ce moment l'occasion de reconnaître les bontés de M. votre père, et de donner un digne serviteur de plus à mon pays, si toutefois vous êtes disposé à vouloir utiliser les rares avantages dont vous êtes doué.

— Mais, je vous le dis, monsieur, malgré le désir que je pourrais avoir d'entrer dans votre honorable carrière, sous d'aussi heureux hospices que les vôtres, jamais je ne croirai mon mérite à la hauteur de cette ambition...

— Mais, encore une fois, vous ne vous connaissez pas, ou vous ne voulez pas vous connaître, — reprit le ministre avec impatience, — et heureusement votre opinion ne fait rien à l'affaire... Quant à moi, il m'est évidemment prouvé que, si vous le voulez, vous pouvez remplir avec distinction une mission importante ; car vous sentez bien que vous n'êtes pas de ces jeunes *beaux* qui, n'ayant que leur nom et leur fortune, doivent s'estimer très-heureux quand on les nomme attachés d'ambassade. Non, non, ce n'est pas à vous qu'on fait de pareilles propositions ! Il faut que vous entriez par la belle porte ; il faut surtout que vous soyez à même de vous montrer dans toute votre valeur. Malheureusement, chez nous, — ajouta-t-il en hésitant, — chez nous, les exigences, les traditions de la hiérarchie sont si impérieuses que les missions en Europe sont très-restreintes, et dans ce moment-ci elles sont toutes remplies... »

Je regardai M. de Serigny. Il fallut tout mon empire sur moi-même pour ne pas éclater de rire. A la tournure que prenait sa proposition, il ne s'agissait plus pour moi d'un exil, mais d'une véritable déportation.

« Mais vous sentez bien, — lui dis-je en conservant tout mon sang-froid, — que, dans le cas où ceci aurait quelque suite, je n'ai pas la prétention ridicule d'ambitionner de prime saut une mission en Europe...

— Et puis comprenez bien une chose, —

ajouta le ministre avec une satisfaction croissante, — c'est que les missions ne sont que ce qu'on les fait; il y en a de fort insignifiantes en Europe, il y en a au contraire de la dernière importance... en Asie, par exemple... Car, il ne faut pas se le dissimuler, — ajouta gravement M. de Serigny, — ce n'est pas en Europe que doit se décider à l'avenir le sort de l'Europe, c'est en Orient!! Toute la politique future d'Europe est en Orient! L'Europe a les yeux fixés sur l'Orient! l'Orient est le champ de bataille diplomatique où doivent se former les grands négociateurs de notre temps! Ainsi, par exemple, — me dit M. de Serigny en me regardant fixement, — dans ce moment-ci je voudrais trouver un homme bien né, d'un esprit fin, flexible, agréable, d'un caractère ferme et résolu, afin de lui confier une mission des plus délicates; car il s'agit de s'assurer l'affection et l'appui d'une grande puissance orientale, sans éveiller les soupçons, les susceptibilités jalouses de l'Angleterre et de la Russie, nos deux éternelles rivales en Orient.

— Cette mission me paraît en effet devoir être fort belle, — lui dis-je de l'air le plus désintéressé du monde.

— N'est-ce pas?... Eh bien!... cette mission,

je me fais presque fort de vous la faire obtenir... tant j'ai confiance dans votre mérite, tant j'ai à cœur de m'acquitter envers M. votre père.

— A moi une pareille mission ! » m'écriai-je en feignant la stupeur.

M. de Serigny, prenant un air mystérieux et profond, me dit :

« Monsieur de***, je parle à un galant homme ; or, que vous acceptiez ou non la proposition que je viens de vous faire, me donnez-vous votre parole que tout ceci demeurera secret entre nous ?

— Je vous la donne, monsieur.

— Eh bien ! — continua-t-il non moins mystérieusement, — il s'agit, sous le prétexte frivole de porter de riches présents au shah de Perse, de la part de S. M. le roi de France, il s'agit, dis-je, de s'insinuer assez adroitement, assez habilement, assez puissamment dans l'esprit de ce prince asiatique pour le disposer à accueillir un jour avec faveur les ouvertures considérables dont on ferait ultérieurement connaître la teneur à l'envoyé chargé de cette importante négociation ; mais ces intérêts sont, je vous l'avoue, de la dernière imminence. Les présents sont prêts, les instructions rédigées, le bâtiment attend… et il faudrait partir dans le plus bref délai. »

Mon hilarité intérieure était au comble en entendant le ministre me proposer sérieusement de m'en aller immédiatement essayer mon art de plaire sur le shah de Perse, à propos d'une mission de la plus ridicule insignifiance, quoique M. de Serigny eût tâché de lui donner un magnifique relief.

Le ministre attendait ma réponse avec une anxiété visible.

J'eus presque un remords de faire jouer à un homme de son âge et de sa condition un rôle si niais en prolongeant davantage cette comédie.

Pourtant cette proposition, tout inacceptable qu'elle était, avait éveillé en moi certaines pensées endormies. Malheureux dans mon affection pour madame de Fersen, sachant qu'il me serait impossible pendant quelque temps de m'occuper d'un autre amour, redoutant surtout l'oisiveté, je résolus d'utiliser, si je pouvais y réussir, le bon vouloir de M. de Serigny.

« Monsieur, — lui dis-je, — bien que nos âges soient disproportionnés, voulez-vous me permettre, à mon tour, de vous parler avec la plus entière, je dirais presque avec la plus brutale franchise ?

— Sans doute, — me dit le ministre fort étonné.

— Si, par les louables et bienveillants motifs que vous m'avez exposés, monsieur, vous avez la ferme intention de m'essayer dans la carrière diplomatique, j'espère que vous ne vous formaliserez pas de ce que je tâche de vous donner la mesure de ma pénétration ?

— Que voulez-vous dire, monsieur ?

— Tenez, monsieur de Serigny, parlons franchement : vous êtes épris d'une femme charmante que nous connaissons tous deux; mes assiduités auprès d'elle vous portent ombrage, et vous voulez m'envoyer auprès du shah de Perse pour vous débarrasser de moi.

— Monsieur ! — s'écria le ministre d'un air très-offensé.

— Permettez-moi de continuer, — lui dis-je. — Je n'ai pas besoin de partir pour vous rassurer... je vous donne ma parole que mes relations avec la personne dont j'ai l'honneur de vous parler ont été tout amicales, et qu'excepté quelques coquetteries fort innocemment échangées, rien ne peut justifier vos soupçons... »

M. de Serigny me parut d'abord dans un

violent état d'irritation ; toutefois, il me dit avec un sourire forcé : « Après ce qui vient de se passer entre nous, monsieur, il faut presque que nous nous coupions la gorge ou que nous soyons amis.

— Mon choix sera le vôtre, monsieur.

— Il est fait, » me dit M. de Serigny en me tendant la main.

Il y eut tant de cordialité dans son mouvement, il lui fallait tant d'empire sur lui-même pour refouler ainsi les susceptibilités de l'orgueil et de l'amour-propre en présence d'un homme de mon âge, que, vivement touché de son procédé, je lui dis :

« Si vous pensez de moi tout le bien que vous m'avez dit en penser, monsieur, vous n'attacherez aucune importance à cet entretien.... D'ailleurs n'attribuez qu'à votre éminente réputation de finesse mon violent désir de vous montrer que je pouvais pénétrer vos vues. Pardonnez-moi donc d'avoir été si étourdiment fier de ma première victoire, car elle était bien flatteuse. Quant à me croire votre rival auprès de certaine femme charmante, ma parole a dû vous rassurer sur le présent et sur le passé... Pour l'avenir, je n'ai qu'un moyen immanquable d'écarter vos soupçons, c'est de vous demander un service. Lié à vous par la gratitude, porter la moindre atteinte à votre bonheur serait une lâcheté. »

Après quelques moments de silence et de réflexion, M. de Serigny me dit avec beaucoup de bonhomie : « Vous accentuez tellement les choses, qu'il est impossible, je le vois, de parler avec vous à mots couverts; il faut tout nier ou tout avouer : je me résigne à ce dernier parti, car je vous sais galant homme et très-secret; mais tout ceci n'en est pas moins bizarre. Me voilà, moi, à mon âge, en confidence d'amourettes avec un jeune homme qui s'est très-spirituellement moqué de moi, qui me l'a dit en face, et qui m'a tellement embarrassé par les confidences qu'il m'a faites, non pas sur lui, parbleu ! mais sur moi, que je me trouve dans la plus sotte position du monde. Heureusement que vous me dites que je puis vous être bon à quelque chose... ça me sauve du ridicule, — ajouta-t-il avec une grâce parfaite.

— Eh bien donc ! monsieur, voici ce dont il s'agirait : quoique je ne me reconnaisse pas assez de mérite pour aller séduire le shah de Perse...

— Ne parlons plus de cela, — s'écria gaiement M. de Serigny. — Vous frappez un ennemi à terre...

— Je vous l'avoue, vos propositions ont éveillé en moi, non pas de l'ambition, mais le vif désir de connaître assez les affaires politiques pour voir si véritablement mon esprit pourrait s'y ployer un jour... Je ne sais si vous me trouvez toujours la même capacité...

Ah ! monsieur le comte ! monsieur le comte ! me dit M. de Serigny en me menaçant du doigt.

— En l'admettant alors, tout ce que je réclamerais de votre bonté, ce serait, dans le cas où vous manqueriez plus tard de secrétaire intime, de m'admettre chaque jour quelques heures dans votre cabinet; en cette qualité, je me mettrais là tout à vos ordres, vous me confieriez les travaux que vous croiriez pouvoir confier à un homme secret et sûr. D'après cet essai, je saurais réellement si j'ai quelque aptitude aux affaires ; et plus tard, si je croyais pouvoir remplir avec succès une modeste mission diplomatique, je vous rappellerais alors qu'il vous reste à acquitter la dette que vous avez contractée envers mon père.

— Encore une épigramme ! — dit M. de Serigny, — mais qu'importe ! Ah çà ! véritablement, des fonctions si ennuyeuses ne vous effraieraient pas? Vous auriez le courage de venir travailler avec moi trois ou quatre heures par jour dans mon cabinet?

— J'aurai ce courage...

— Vous n'allez peut-être pas croire que votre proposition arrive singulièrement à propos; et pourtant il est notoire que mon secrétaire intime vient d'être attaché à la légation de Florence... Je ne vous offre pas sa place, mais je vous offre la part qu'il prenait à mon travail.

— Et j'accepte de grand cœur et avec une profonde reconnaissance... Mais, — lui dis-je touché de son obligeance et voulant effacer le dépit qu'il pouvait conserver de l'espèce d'avantage que j'avais eu sur lui dans cet entretien, — mais voyez donc la bizarrerie de l'esprit humain, et comme on arrive au même but par des moyens contraires. Vous êtes venu chez moi avec deux idées très-nettement formulées : vous vouliez écarter un rival auquel vous faisiez l'honneur de le redouter, et attacher au service de votre pays un homme dont vous pressentiez, dites-vous, le mérite... J'ai positivement refusé vos offres ; et pourtant, non par le fait de votre volonté, mais par le fait de la mienne, vous arrivez absolument au même but; car maintenant je ne puis plus être pour vous un objet de jalousie, et je vais partager vos travaux... Après cela osez dire encore que c'est moi qui vous ai joué ! — m'écriai-je. — Allons, allons, monsieur de Serigny, je suis obligé de reconnaître que vous êtes mille fois au-dessous de votre brillante réputation, et ce que j'appelais ma victoire n'est qu'une heureuse défaite.

. . . .

Je pris rendez-vous pour le lendemain avec le ministre, et nous nous séparâmes.

CHAPITRE LV.

DIPLOMATIE.

Lorsque M. de Serigny m'eut quitté, je retombai dans l'amertume des réflexions dont son entretien m'avait un moment distrait.

Malgré tous mes efforts pour chasser de ma pensée le souvenir de madame de Fersen, ce souvenir était toujours là.

Je souffrais beaucoup; mais ce chagrin

quoique profond, n'était pas sans une sorte de douceur que je ne connaissais pas encore.

J'avais la conscience de m'être noblement conduit envers Catherine, de ne pas mériter les injustes rigueurs dont elle m'accablait, et je puisais dans cette conviction consolante une fière et courageuse résignation.

J'ai toujours hardiment envisagé les phases les plus cruelles de ma vie. Il ne me restait aucun espoir d'être jamais aimé de madame de Fersen. Je rassemblai donc religieusement dans mon cœur et dans ma mémoire les moindres traces de cet amour ineffable, comme on conserve les restes précieux et sacrés d'un être qui n'est plus, pour venir chaque jour les contempler avec une tristesse rêveuse, et leur demander le charme mélancolique des souvenirs.

Pourtant, ne voulant pas me laisser abattre. et espérant trouver quelque distraction dans le travail, j'allai assidûment chez M. de Serigny.

C'était véritablement un excellent homme.

Il se montra pour moi plein de bienveillance. Sans doute informé de ma réserve habituelle, il me donna bientôt une marque de flatteuse confiance en me chargeant de faire un résumé clair et succinct de sa correspondance diplomatique, résumé qui devait être mis chaque jour sous les yeux du roi.

Il est vrai de dire que ce travail semblait beaucoup plus important qu'il ne l'était réellement, puisqu'il n'y avait alors aucune grande question politique pendante en Europe. La presque totalité de ces dépêches, généralement écrites en assez pauvre français ou de la manière la plus pâle, ne contenaient presque toujours que des renseignements vagues ou puérils sur les cours étrangères, renseignements que les journaux avaient même quelquefois publiés.

Je pus me convaincre de ce que j'avais toujours soupçonné : à savoir que dans les temps modernes et dans un gouvernement représentatif comme le nôtre, la diplomatie qu'on pourrait dire *courante* était à peu près nulle ; les intérêts vitaux des nations se débattant sur les champs de bataille, dans les chambres ou dans les congrès.

Ainsi, la plupart du temps (seulement, je le répète, sous un gouvernement représentatif) les emplois diplomatiques sont de véritables sinécures, dont les ministres se font des moyens d'action ou de corruption, en les répartissant selon la nécessité de leur politique.

Je devais être d'autant plus frappé de la

nullité des correspondances que j'avais sous les yeux, qu'autrefois mon père m'avait presque fait faire un cours de droit politique, et que j'avais étudié avec lui les plus célèbres négociateurs de la dernière moitié du dix-septième siècle... Notre trisaïeul ayant rempli plusieurs missions conjointement avec MM. d'Avaux, de Lyonne et Courtin, nous possédions à Cerval un double de ses dépêches et des leurs ; aussi, je l'avoue, cette lecture et ces études m'avaient rendu fort difficile.

M. de Serigny lui-même était un homme de capacité médiocre ; mais il avait assez de finesse, assez de tact et assez de pénétration pour suffire aux modestes exigences de sa position. Lorsqu'à la chambre il combattait l'opposition, il avait l'art d'éteindre, de noyer la discussion la plus chaleureuse dans le vague limpide de sa parole abondante, froide et monotone comme une chute d'eau.

D'ailleurs, au point de vue constitutionnel, M. de Serigny eût été tout aussi bien ministre de la marine, de la justice ou des finances, que ministre des affaires étrangères ; car au point de vue réel, spécial de ces ministères, il était incapable d'en remplir aucun.

Mais je gardais secrète ma manière de juger

M. de Serigny. Il s'était montré très-bienveillant pour moi, et je n'étais pas un Pommerive. Au contraire, je défendais *mon ministre* de toutes mes forces.

Les fonctions que je remplissais m'amusaient donc assez, par cela même que leur nullité contrastait d'une manière flagrante avec leur importance présumée.

Mais au moins la connaissance de ces réalités éveilla en moi des sentiments charitables; je devins très-tolérant pour la suffisance gourmée, impitoyable, grâce à laquelle la plupart de nos agents diplomatiques en imposent toujours au public sur la valeur et sur la nécessité de leur emploi.

Sans ce prestige ils ne seraient pas.

Or, je l'avoue, si je n'ai jamais eu la fantaisie de me faire le compère ou la dupe d'un jongleur, jamais, lorsque j'ai cru deviner ses tours, je n'ai eu la méchanceté de le dire tout haut, pour priver ce pauvre diable de son auditoire, parce que je n'ai jamais pu supposer comment se pourvoirait à l'avenir un jongleur délaissé. Aussi les parents pauvres qui destinent leurs enfants à la carrière diplomatique devraient-ils, ce me semble, être assez sages, assez prévoyants, pour leur faire aussi apprendre quelque bon et solide métier, qui leur serait un jour d'une utile ressource, si des malheurs imprévus les privaient de leur premier état.

Ceci n'est pas un paradoxe brutal : la spécialité essentielle de nos diplomates consistant à dignement représenter la France, c'est-à-dire à avoir aux frais de l'État un assez grand état de maison, à mener une vie somptueuse, mondaine et divertissante, à recevoir ou à écrire des dépêches insignifiantes, il devient difficile de trouver l'emploi de ces belles qualités, lorsqu'on n'exerce plus la profession qui les exigeait.

Ma nouvelle position auprès de M. de Serigny, bientôt ébruitée, me donna une singulière autorité dans le monde. On savait que ce n'était pas une *place* que j'avais cherchée en me livrant aux travaux assez assidus dont je m'occupais, et l'on concluait que mon apprentissage devait nécessairement aboutir aux plus hautes destinées.

Quelques circonstances dues au hasard vinrent augmenter ces exagérations.

C'était à un bal chez madame la duchesse de Berry.

M. de Serigny, souffrant de la goutte, n'avait pu y assister. Lord Stuart, alors ambassadeur d'Angleterre, qui avait vivement sollicité notre gouvernement de faire les plus actives recherches pour découvrir le pirate de Porquerolles, vint me dire qu'on était sur les traces de ce misérable, qu'on espérait l'atteindre, et me demanda quelques nouveaux renseignements sur cette affaire. Il me prit par le bras, et nous causâmes dans l'embrasure d'une fenêtre pendant une demi-heure.

Il n'en fallut pas davantage pour faire croire que j'étais fort avant dans ce qu'on appelle si bénévolement les *secrets d'État*.

Ce ne fut pas tout : vers les onze heures j'allais sortir du bal, lorsque je me trouvai sur le passage du roi au moment où il se retirait.

J'avais eu l'honneur de lui être présenté ; il s'arrêta devant moi, et me dit avec son habituelle et gracieuse affabilité :

« Je lis tous les jours votre rapport... j'en suis très-content ; il m'intéresse beaucoup ; c'est très-substantiel, et, grâce à vous, j'ai ainsi la moisson sans m'être donné la peine de la récolter...

— Le roi me comble, — dis-je à sa Majesté, — et son approbation est une faveur qui m'impose de nouveaux devoirs, dont je tâcherai de me montrer digne. »

Au lieu de quitter le bal, le roi s'assit sur un canapé placé près de lui, et me dit : — Mais racontez-moi donc cette histoire dont vient encore de m'entretenir lord Stuart : c'est très-extraordinaire ; ça a l'air d'un roman.

Lorsque le roi s'était assis en me parlant, les personnes qui l'accompagnaient s'étaient tenues discrètement à l'écart.

Je racontai donc au roi l'histoire du pirate de Porquerolles ; il m'écouta avec intérêt, me fit plusieurs questions, me remercia très-gracieusement et se retira.

Le roi parti, je fus le centre de tous les regards ; on n'y concevait rien : Sa Majesté s'en allait, elle me rencontre, et voilà qu'elle demeure plus d'un quart d'heure en conversation particulière avec moi...

Décidément je devais être un homme de la dernière importance.

Sachant que rien n'est plus ridicule que de paraître vouloir jouir de son évidence après une scène pareille, j'allais quitter le bal lorsque je vis venir à moi madame de Fersen, que je n'avais pas rencontrée depuis quelque temps ; elle me parut si changée, si maigrie, que sa vue me fit un mal affreux...

Je la saluai sans l'attendre, et je me retirai,

quoique son regard fût suppliant, et qu'elle se fût évidemment rapprochée de moi dans l'intention de me parler. . . . .
. . . .

Le lendemain je reçus une lettre d'elle.

Elle me priait dans les termes les plus affectueux de venir la voir, s'excusant de son ingratitude, et faisant quelques gracieuses allusions au passé.

Mon premier mouvement fut de me rendre chez Catherine.

Mais je réfléchis bientôt que cette entrevue ne changerait rien sans doute à la destinée de mon amour. D'ailleurs je me souvins de la dureté avec laquelle madame de Fersen m'avait traité, et je mis une sotte dignité à ne pas me rendre à sa première avance.

Je lui écrivis une lettre très-froide et très-polie, dans laquelle je m'excusais de ne pas aller chez elle pour des motifs qu'elle devait comprendre.

Elle ne me répondit pas.

Pensant qu'elle n'avait pas grande envie de me revoir puisqu'elle n'insistait pas, je m'applaudis de ma résolution.

J'appris bientôt que le prince avait reçu de sa cour l'ordre de retourner en Russie ; et, je l'avoue, je fus étonné de voir que sa femme ne l'avait pas suivi.

Quant à madame de V***, je l'avais conjurée au nom de l'amitié qu'elle prétendait avoir pour moi, de ne pas tourmenter si cruellement M. de Serigny, lui déclarant que je ne voulais plus me prêter à son manége de coquetterie; qu'elle se compromettait d'ailleurs horriblement, et que tôt ou tard elle se verrait fort mal reçue dans le monde.

Elle me répondit que je parlais comme un quaker, mais que, pour la rareté du fait, elle voulait se mettre à vivre sans l'ombre de coquetterie.

Un mois après cette belle détermination, elle vint me dire avec reconnaissance que cette nouvelle vie lui semblait ennuyeuse à périr, mais que cela faisait un effet prodigieux, et que des paris énormes avaient été ouverts pour savoir si elle persisterait ou non dans sa conversion. Quant au ministre, disait-elle, comme il avait passé de la stupidité d'irritation jalouse à la stupidité d'adoration aveugle, elle n'avait ni gagné ni perdu à ne plus le tourmenter.

. . . .

Naturellement, les bruits qui avaient couru sur madame de V*** et sur moi cessèrent bientôt; et on m'accusa de l'avoir sacrifiée à l'ambition.

Quelquefois je ne pouvais m'empêcher de sourire en voyant l'obséquiosité dont j'étais entouré, car je continuais, pour ainsi dire par désœuvrement, mon travail chez M. de Serigny.

Cernay, que je rencontrais quelquefois, cachait surtout son envie sous les dehors de l'admiration la plus hyperbolique. « Vous êtes un habile homme, — me disait-il, — il vous faut et vous aurez tous les genres de succès. Vous voici maintenant homme d'État... vous voici dans l'intimité des ministres et des ambassadeurs. Le roi vous distingue fort; on compte avec vous; aussi, mon cher, maintenant vous n'avez plus qu'à vouloir... car vous êtes d'une adresse!! passez-moi le terme... d'une rouerie !!

— Comment cela ?

— Allons, faites donc l'innocent! A ce bal des Tuileries où vous avez eu tour à tour deux conférences si remarquables et si remarquées, l'une avec lord Stuart et l'autre avec le roi qui s'est arrêté à causer si longtemps avec vous, au lieu de s'en aller, comme il en avait d'abord manifesté le désir, qu'avez-vous fait, en homme habile que vous êtes ? au lieu d'agir comme tant d'autres qui seraient niaisement restés à se pavaner après de pareilles distinctions, vite vous vous êtes éclipsé. C'était là la rouerie ou plutôt le génie!.... aussi vous avez fait, par votre absence, un effet prodigieux...

— Le secret de cette disparition est bien simple, mon cher Cernay : j'avais une horrible migraine, et je voulais rentrer chez moi.

— Allons donc! — me dit Cernay avec une naïveté charmante, — vous ne me ferez pas croire qu'on a la migraine quand on vient de causer une heure avec le roi. . . . .
. . . .

Il y avait quinze jours que j'avais rencontré pour la dernière fois madame de Fersen au bal des Tuileries, lorsqu'un de mes gens d'affaires entra chez moi d'un air consterné.

Il s'agissait de prévenir le désastre d'une banqueroute qui pouvait me faire perdre environ cinquante mille écus, que je croyais placés dans une des meilleures maisons du Havre.

La faillite n'était pas déclarée encore, mais elle menaçait, on la soupçonnait.

Mon homme d'affaires me proposait donc de partir sur-le-champ avec lui, et d'aller retirer mes fonds de cette maison.

La somme était si considérable, que je n'hésitai pas un moment à me rendre au Havre.

Une procuration, si étendue qu'elle eût été, n'aurait pas pourvu à toutes les éventualités de cette affaire ; et, dans de telles circonstances, la présence d'un intéressé est souvent d'une très-grande autorité.

J'écrivis un mot à M. de Serigny, en lui disant que de graves motifs m'appelaient au Havre, et je laissai ordre chez moi de m'envoyer mes lettres dans cette ville...

Deux heures après j'étais en route.

Nous allions atteindre le dernier relais qui précède le Havre, lorsque j'entendis le bruit du galop précipité de deux chevaux, le claquement retentissant d'un fouet, et une voix qui ne m'était pas inconnue s'écrier : — Arrête ! arrête !

Mes postillons me regardèrent indécis... Je leur fis signe d'arrêter, et tout à coup je vis arriver à la portière de ma voiture le courrier de madame de Fersen : son cheval, blanc d'écume, était déchiré de coups d'éperons.

Cet homme était si haletant de la rapidité de sa course, qu'il ne put me dire que ces mots en me remettant une lettre.

« Monsieur le comte... c'est de la part de madame la princesse... J'ai gagné quatre heures sur M. le comte... c'est tout ce que j'ai pu faire. »

Cette lettre ne contenait que ces mots :

« *Ma fille se meurt, se meurt... je n'espère qu'en vous.* »

« Vous allez doubler le relais, retourner à la poste, — criai-je aux postillons. — Et toi, — dis-je au courrier, — peux-tu courir jusqu'à Paris, et me faire préparer mes chevaux ?

— Oui, monsieur le comte...

— Alors à cheval. »

Et le brave garçon retourna ventre à terre dans la direction de Paris.

« Mais, monsieur, — s'écria mon homme d'affaires en pâlissant, — vous ne pouvez pas retourner à Paris ; nous voici arrivés au Havre. »

Je le regardai avec étonnement...

« Et pourquoi cela ?

— Mais cette faillite, monsieur, — s'écria-t-il, — songez bien qu'une heure de retard peut tout perdre..., qu'il s'agit de sauver ou non cinquante mille écus !... »

J'avais tout à fait oublié l'objet de mon voyage...

« Vous avez raison, — lui dis-je. — Vous êtes au plus à une demi-lieue du Havre, obligez-moi d'y aller à pied... et arrangez cela pour le mieux. »

Et je fis ouvrir la portière.

« Mais, monsieur, encore une fois, c'est impossible, — reprit l'homme d'affaires stupéfait; — sans vous je ne puis rien... je n'ai pas même de procuration... Encore une fois, sans vous ma présence sera absolument inutile. Venez au moins au Havre; nous irons chez un notaire, vous me donnerez une procuration, et alors... »

Je bouillais d'impatience. « Monsieur, — lui dis-je rapidement, — vous irez au Havre sans moi, ou vous retournerez à Paris avec moi. La portière est ouverte : descendez ou restez...

— Mais, monsieur...

— Fermez la portière et à Paris! — criai-je. »

L'homme d'affaires descendit aussitôt, en me disant d'un air désespéré : « Comme vous voudrez, monsieur, mais je n'aurai rien à me reprocher... vous pouvez regarder ces cinquante mille écus comme bel et bien perdus... Envoyez-moi au moins une procuration enregistrée, » etc., etc...

Je n'entendis pas le reste de sa phrase.

Les chevaux brûlèrent le pavé.

De ma vie je n'ai voyagé avec une telle rapidité.

. . . .

A Versailles je donnai ordre d'arrêter à Paris un peu avant la porte de l'hôtel de madame de Fersen.

Quand j'y arrivai, je vis une épaisse couche de litière dans la rue.

Pensant à la possibilité d'un séjour chez madame de Fersen, et voulant le tenir secret, j'ordonnai à mon domestique de reconduire la voiture chez moi, de dire à mes gens que j'étais resté au Havre, et que, voulant revenir par le bateau à vapeur, j'avais renvoyé ma diligence.

J'entrai dans l'hôtel.

CHAPITRE LVI.

IRÈNE.

Les moindres détails de cette scène terrible sont encore présents à ma pensée.

Minuit sonnait lorsque j'entrai dans l'antichambre de l'appartement de madame de Fersen.

Il était sombre, je n'y trouvai aucun de ses gens ; cela me parut étrange. Guidé par une lueur douteuse, je traversai plusieurs salons dont un seul était faiblement éclairé ; mon cœur se serrait d'épouvante.

J'arrivai près d'une porte entr'ouverte.

Alors seulement quelques sanglots étouffés parvinrent à mon oreille.

Je poussai la porte sans bruit.

Quel tableau, mon Dieu!!

Le berceau d'Irène, placé à côté du lit de sa mère, occupait le fond de cette chambre qui faisait face à la porte.

A droite du lit, Catherine à genoux tenait

dans ses mains une des mains de son enfant.

Je ne pouvais voir la figure de cette mère infortunée... Seulement de temps à autre un mouvement brusque et convulsif faisait tressaillir ses épaules...

A gauche était Frank, le grand peintre, le mari d'Hélène...

Assis sur une chaise basse, il dessinait la figure mourante d'Irène.

Suprême et affreux souvenir, que voulait sans doute conserver madame de Fersen.

Frank, au moyen d'un abat-jour, avait disposé la lampe de façon qu'elle pût éclairer en plein la physionomie d'Irène.

Le reste de l'appartement était plongé dans une profonde obscurité.

Un grand vieillard, vêtu d'une pelisse fourrée, s'appuyait au pied du lit de l'enfant. Ses cheveux étaient blancs; son front chauve saillant était poli comme du vieil ivoire, un reflet de vive lumière dessinait son profil hardiment accentué.

C'était le docteur Ralph, le médecin de madame de Fersen.

Il semblait épier d'un œil inquiet chaque imperceptible mouvement de la figure d'Irène.

Assise dans un coin obscur de la chambre,

la gouvernante, appuyant sa tête sur la muraille, pouvait à peine étouffer ses sanglots.

Au moment où j'arrivai ils devinrent si douloureux, que, désespérant de les comprimer, elle sortit en tenant son mouchoir sur sa bouche.

. . . .

Moi aussi... je pleurai amèrement à l'aspect de cette angélique figure d'enfant, si résignée, si douce, et qui, malgré les approches de la mort, conservait un caractère de sérénité sublime...

Vivement éclairée, sa figure pâle et brune se détachait lumineuse sur la blancheur des oreillers... ses beaux cheveux noirs tombaient en désordre et couvraient son front... Ses grands yeux à demi fermés, et cernés d'une auréole bleuâtre, laissaient voir sous leurs paupières appesanties une prunelle presque éteinte. De sa petite bouche entr'ouverte, de ses lèvres jadis si vermeilles, et alors si décolorées, s'échappait un souffle précipité, et souvent un murmure faible et plaintif. Ce pauvre visage, autrefois si rond, si fraîchement enfantin, était déjà livide...

De temps à autre, la malheureuse enfant agitait ses petites mains dans le vide, ou retournait pesamment sa tête sur son oreiller, en poussant un profond soupir! Puis elle redevenait d'une effrayante immobilité.

La figure de Frank, que je n'avais pas vu depuis deux ans, avait une expression de tristesse navrante...

Lui non plus ne pouvait retenir ses larmes, toutes les fois qu'il arrêtait son regard sur la figure mourante d'Irène.

Le calme, le silence désespéré de cette scène que j'embrassai d'un coup d'œil, me fit une telle impression, qu'un instant je restai immobile à la porte.

Madame de Fersen tourna la tête vers la pendule, puis secoua la tête avec un geste de désespoir.

Je la compris... Sans doute elle commençait à douter de moi!

Je poussai la porte.

Catherine me vit, fut d'un bond près de moi, et m'entraînant auprès du berceau elle s'écria avec un accent déchirant : « Sauvez-la! ayez pitié de moi, sauvez-la! »

La voix de madame de Fersen était brève, saccadée; et quoique son beau visage fût abattu et marbré par les larmes et par la fatigue, on sentait sous ces apparences de faiblesse l'énergie surhumaine qui soutient toujours une mère tant que son enfant a besoin d'elle.

« Un moment... — dit le docteur Ralph d'une voix basse et grave... — Ceci est notre dernier espoir... ne l'aventurons pas. »

La malheureuse femme cacha sa tête dans ses mains.

« Je vous l'ai dit, madame, — le docteur montra une fiole remplie d'une liqueur brune, — cette potion doit ranimer les esprits de cette enfant, doit rallumer la dernière parcelle d'intelligence qui existe peut-être en elle... Alors la vue de la personne qui exerce sur elle un si singulier empire opérera peut-être un prodige... car, hélas! madame, il faut un prodige pour rappeler votre fille à la vie.

— Je le sais... je le sais, — dit Catherine en dévorant ses larmes, — je suis préparée à tout... ainsi... à tout. Mais le breuvage! quel sera son effet?

— Je puis répondre de son effet immédiat, mais non des suites que cet effet peut amener.

— Que faire donc ?... mon Dieu ! que faire? — s'écria Catherine dans une affreuse angoisse.

— N'hésitez pas, madame, — m'écriai-je, —

puisqu'on la croit perdue. Acceptez au moins la seule chance qui vous reste !

— C'est aussi mon avis... madame, n'hésitez pas, — dit Frank, qui partageait notre émotion.

— Faites, monsieur !!! » murmura madame de Fersen avec un accent de résolution désespérée ; et elle tomba agenouillée près du berceau de sa fille.

Elle se mit à prier.

Elle, Frank et moi, nous attachions des regards douloureux et presque inquiets sur le docteur.

Seul calme au milieu de cette terrible scène, il s'avança silencieusement et à pas lents près du berceau d'Irène.

A voir sa haute taille, sa figure austère, ses longs cheveux blancs, son vêtement bizarre, on eût dit un homme doué d'une puissance occulte, prêt à accomplir par un philtre quelque charme mystérieux.

Il versa quelques gouttes de la liqueur que contenait la fiole dans une cuiller d'or.

Madame de Fersen la prit et l'approcha des lèvres de sa fille.

Mais sa main tremblait tellement, qu'elle renversa le breuvage.

« J'ai peur ! » — dit-elle d'un air égaré.

Et elle rendit la cuiller au médecin.

Celui-ci la remplit de nouveau, et d'une main ferme la présenta aux lèvres d'Irène.

L'enfant but sans répugnance.

Il serait impossible d'exprimer avec quelle angoisse mortelle, avec quel effroi nous attendîmes l'effet de ce breuvage.

Le médecin lui-même, avidement penché sur le lit, couvait la figure d'Irène d'un œil ardent.

Bientôt la liqueur opéra.

Peu à peu Irène agita ses bras et ses mains, ses joues se colorèrent d'une faible rougeur... Elle retourna plusieurs fois vivement sa tête sur son oreiller... poussa quelques petits cris plaintifs... ferma ses yeux puis les rouvrit...

La lumière était en face d'elle. Cette vive clarté lui fut douloureuse, car elle porta ses mains à ses yeux.

« Elle voit... elle voit ! — dit le médecin avec une vivacité qui nous sembla de bon augure.

— Elle est sauvée ! — s'écria Catherine joignant ses mains comme si elle eût remercié le ciel.

— Pas de fol espoir ! madame, — reprit sévèrement et presque durement le docteur Ralph.

— Je vous l'ai dit, cette apparence de vie est factice... C'est le galvanisme qui fait mouvoir un cadavre, un souffle peut briser l'imperceptible lien qui attache encore cette enfant à la vie. — Puis il ajouta en se retournant vers moi :

— Tout à l'heure, monsieur, ce sera à vous d'essayer à renouer cette trame si faible. Mais, je le déclare, si cette enfant vit, ce qu'hélas! je n'ose espérer, c'est à vous qu'elle le devra, monsieur!... la science connue n'opère pas de pareils miracles.

— Il n'y a que Dieu qui les puisse opérer, — dit Frank d'une voix imposante.

— Ou certaines influences mystérieuses et sans doute magnétiques qu'on est obligé d'admettre sans les comprendre, » — ajouta le médecin.

L'excitation causée par le breuvage sur Irène se prononçait de plus en plus ; deux ou trois fois elle soupira profondément, étendit les bras, puis enfin elle murmura d'une voix faible :
« *Ma mère... Arthur!*

— Maintenant, — s'écria vivement le médecin, — qu'une des mains de l'enfant soit dans les vôtres, monsieur, et que l'autre soit dans celles de sa mère... approchez-vous d'elle le plus possible... et appelez-la... doucement... lentement... que le son ait le temps d'arriver à son oreille affaiblie. »

Je pris une des mains de l'enfant, sa mère prit l'autre.

Cette main était humide et glacée...

Je m'approchai d'Irène. Ses grands yeux encore agrandis par la maladie erraient çà et là autour d'elle, comme s'ils eussent cherché quelqu'un.

« Irène... Irène... me voici... — lui dis-je à voix basse.

— Irène... mon enfant... ta mère est aussi là... » — dit Catherine avec un accent de passion et d'affreuse anxiété impossible à rendre.

L'enfant ne parut pas d'abord nous avoir entendus.

« Irène... c'est votre ami... c'est Arthur et votre mère...... n'entendez-vous pas sa voix ?...

— Ta mère... mon Dieu !... mais ta mère est là !... » — répéta Catherine.

Cette fois le regard de l'enfant n'erra plus... et elle fit un brusque mouvement de tête, comme si un accent lointain l'eût tout à coup frappée.

« Comment est sa main ? — nous demanda le docteur à voix basse.

— Toujours froide, — lui dis-je.

— Toujours froide, — répondit sa mère.

— Tant pis... vous n'êtes pas encore en rapport... continuez.

— Irène... mon enfant... mon ange... m'entendez-vous!... c'est moi... Arthur... » — lui dis-je.

Irène leva les yeux et rencontra mon regard.

J'avais souvent entendu parler de la fascination magnétique, cette fois j'en éprouvai l'action et la réaction.

J'attachais un regard avide et désolé sur le pâle regard d'Irène.... Peu à peu, comme s'il se fût vivifié sous le mien, son œil devint moins terne, il s'éclaira, il brilla, il rayonna d'intelligence.

Sur sa physionomie, qui semblait renaître à la vie, je pus suivre les progrès de sa raison, de sa pensée, qui se réveillaient.

Elle me tendit les bras, et un sourire d'ange effleura ses lèvres.

Trop faible pour tourner la tête, elle chercha sa mère du regard.

Catherine se penchait sur le lit, tenant toujours comme moi une des mains d'Irène.

Après nous avoir un instant contemplés,

l'enfant approcha doucement la main de sa mère de la mienne ; son regard devint humide, puis ses larmes coulèrent en abondance.

Lorsque je touchai la main de Catherine, je reçus au cœur une commotion rapide et fulgurante... Un moment je n'entendis plus, je ne vis plus ; ma main serrait celle de Catherine, celle d'Irène, et ces points de contact ne m'étaient plus sensibles.

Il me semblait qu'un torrent d'électricité nous entourait, nous confondait tous trois.

Ce fut une impression inexplicable, profonde, presque douloureuse. Lorsque je revins à moi, j'entendis le docteur s'écrier : « Elle a pleuré, elle est sauvée !..

— Vous me l'avez rendue ! » — dit Catherine en tombant à genoux devant moi.

CHAPITRE LVII.

LE BOCAGE.

Cette crise salutaire sauva Irène.

Pendant un mois que dura la convalescence, je ne la quittai pas un seul jour, pas une seule nuit.

. . . .

Aux premiers jours du printemps, le docteur Ralph engagea madame de Fersen à aller habiter la campagne avec sa fille, et comme position indiqua de préférence les environs de Fontainebleau.

Madame de Fersen ayant été voir une fort jolie maison appelée le *Bocage*, située près du village de Moret, s'en arrangea, y fit faire les réparations nécessaires, et il fut décidé que nous irions l'habiter avec elle et Irène au commencement de mai.

Si ma présence continuelle chez madame de Fersen eût été connue, elle eût été odieusement interprétée. Aussi le lendemain de la crise qui avait été si favorable à Irène, je dis à sa mère qu'il fallait interdire l'entrée de son appartement à tout le monde, excepté au médecin, à la gouvernante et à une autre des femmes de madame de Fersen dont elle était très-sûre. J'avais habité pendant la maladie d'Irène un entresol inoccupé, et dont les fenêtres s'ouvraient sur un terrain désert ; aussi tout le monde avait-il ignoré mon retour à Paris et mon séjour chez Catherine.

Madame de Fersen n'emmenait à Fontainebleau que les mêmes gens qui l'avaient entourée lors de la maladie de sa fille, sa gouvernante et deux femmes. Le reste de sa maison demeurait à Paris.

Elle me demanda de me précéder de deux jours au Bocage.

Elle partit.

Le lendemain je reçus les indications les plus précises pour me rendre à la petite porte du parc du Bocage.

A l'heure dite, j'étais à cette porte ; je frappai, elle s'ouvrit.

Le soleil était sur le point de se coucher, mais il jetait encore quelques chauds rayons à travers la verte dentelle d'un berceau de glycynées à grappes violettes sous lequel je trouvai Catherine, qui m'attendait avec Irène, qu'elle tenait par la main.

Était-ce souvenir, était-ce un effet du hasard, je ne sais ; mais, comme le jour où je la vis pour la première fois à bord de la frégate russe, Catherine portait une robe de mousseline blanche et un bonnet de blonde avec une branche de géranium rouge.

Quoique les chagrins l'eussent beaucoup maigrie, elle était toujours belle, et plus charmante encore que belle. C'était toujours son élégante et noble taille, sa physionomie à la fois imposante, gracieuse et réfléchie, ses grands yeux d'un bleu si pur et si doux frangés de longs cils noirs, ses cheveux d'ébène, dont les nattes épaisses encadraient son front blanc, fier et mélancolique, et descendaient sur ses joues, que la douleur avait pâlies.

Irène était, comme sa mère, vêtue de blanc ; ses longs cheveux bruns, tressés de ruban, tombaient sur ses épaules, et son adorable figure, quoique toujours sérieuse et pensive, semblait à peine se ressentir de ses souffrances passées.

Le premier mouvement de Catherine fut de

prendre sa fille dans ses bras et de la mettre dans les miens, en me disant avec la plus vive émotion : « Maintenant, n'est-ce pas aussi votre Irène?... »

Et son regard brilla de reconnaissance et de joie à travers ses larmes.

. . . .
. . . .

Il est des sensations qu'il faut renoncer à décrire, car elles sont immenses comme l'infini. . . . .
. . . .

Ce premier élan de bonheur passé, madame de Fersen me dit : « Maintenant il faut que je vous mène chez vous. »

Je lui donnai le bras, Irène prit ma main, et je me laissai guider par Catherine.

Nous restâmes longtemps silencieux....

Après avoir suivi une longue allée très-obscure, car le soleil déclinait rapidement, nous arrivâmes à une éclaircie sur la lisière du bois.

« Voici votre chaumière, » me dit madame de Fersen.

Ma *chaumière* était une sorte de chalet suisse à demi caché dans un massif d'acacias roses, de tilleuls et de lilas, et bâti au bord d'un très-bel étang, sur de gros blocs de rochers de grès particuliers aux environs de Fontainebleau. Cette *fabrique*, ayant été destinée sans doute à servir de point de vue, on avait tiré tout le parti possible des moindres accidents de sa position charmante.

Un épais tapis de pervenches, de lierre, de mousse et de fraisiers sauvages couvrait presque entièrement les rochers blanchâtres, et de chacun de leurs interstices sortait une touffe d'iris, de rhododendrons ou de bruyères.

Au delà de l'étang, une belle pelouse de gazon entourée de bois montait en pente douce jusqu'à la façade de la maison que devait habiter madame de Fersen, et qu'on apercevait au loin.

La vue s'arrêtait de tous côtés sur un horizon de verdure formé par un bois épais qui contournait les hautes murailles du parc et les cachait entièrement.

Sans doute on eût pu désirer mieux pour la variété des aspects; mais comme notre vie au *Bocage* devait être entourée du mystère le plus profond, cette immense et impénétrable barrière de feuillage devenait très-précieuse.

Au bout de quelques minutes, nous étions au

pied de l'escalier du chalet. Madame de Fersen tira une petite clef de sa ceinture, et ouvrit la porte du rez-de-chaussée.

D'un coup d'œil je vis qu'elle avait présidé à l'arrangement de deux petits salons qui le composaient. Tout y était de la plus extrême, mais de la plus élégante simplicité. — Là je trouvai des fleurs partout, un piano, un chevalet pour peindre, les livres qu'elle m'avait entendu citer comme mes préférences.

Enfin, me montrant un cadre d'ébène à portes richement incrustées de nacre, madame de Fersen me pria de l'ouvrir : j'y trouvai d'un côté l'admirable esquisse que Frank avait faite d'Irène mourante, et de l'autre un récent portrait d'Irène, peint aussi par Frank.

Je pris la main de Catherine, que je portai à mes lèvres avec un sentiment de reconnaissance ineffable.

Elle-même pressa sa main contre mes lèvres, par un mouvement plein de tendresse.

Puis elle se mit à embrasser sa fille avec passion.

Je refermai le cadre, non sans être encore vivement touché de cette marque de souvenir de Catherine, à qui j'avais dit mes idées sur les portraits exposés indifféremment à tous les yeux.

Lorsque nous quittâmes le chalet, le soleil jetait ses reflets de pourpre et d'or dans les eaux paisibles de l'étang. Les acacias secouaient leur neige rose et embaumée. On n'entendait aucun bruit... de tous côtés l'horizon était borné par de grandes masses de verdure... nous nous trouvions au milieu de la solitude la plus profonde, la plus paisible, la plus mystérieuse...

Sans doute émue à la vue de ce tableau d'une mélancolie si douce, Catherine s'accouda sur le balcon du chalet, et resta quelques minutes rêveuse.

Irène s'assit à ses pieds et se mit à cueillir des roses et des chèvrefeuilles pour faire un bouquet.

Je m'appuyai sur la porte, et malgré moi j'éprouvai une angoisse douloureuse en contemplant madame de Fersen...

J'allais passer de longs jours auprès de cette femme si passionnément aimée... et la délicatesse devait m'empêcher de lui dire un mot de cet amour si ardent, si profond, que tous les événements passés avaient encore augmenté...

Et je ne savais pas si j'étais aimé... ou plutôt je désespérais d'être aimé ; il me semblait que la destinée qui nous avait réunis, madame de Fersen et moi, auprès du lit de mort de sa fille, pendant un mois de terribles angoisses, avait été trop fatale pour se terminer par un sentiment si tendre...

J'étais absorbé dans ces tristes pensées, lorsque madame de Fersen fit un mouvement brusque comme si elle se fût éveillée d'un songe, et me dit : « Pardon ; mais il y a si longtemps que je n'ai respiré un air vif et embaumé comme celui-ci, que je jouis de cette admirable nature en égoïste. »

Irène partagea son bouquet en deux, en donna un à sa mère, me donna l'autre, et nous nous remîmes en marche vers la maison.

Nous y arrivâmes après une longue promenade, car le parc était fort grand.

CHAPITRE LVIII.

JOURS DE SOLEIL.

Au Bocage, 10 mai 18... [1].

Il est onze heures du soir; je viens de quitter madame de Fersen. Me voici donc dans le châlet que je dois désormais habiter près d'elle!

J'éprouve une sensation étrange.

Les événements se sont succédé si rapidement depuis un mois, mon cœur a été bouleversé par des émotions si diverses, que je sens le besoin de me rendre compte de mes souvenirs, de mes vœux et de mes espérances.

C'est pour cela que je reprends ce journal, interrompu depuis mon départ de Khios.

Les idées se pressent si confuses dans mon esprit que j'espère les éclaircir en les écrivant;

---

[1] Arthur, selon son habitude, intercale ici des fragments de son journal, interrompu depuis Khios, et sans doute repris lors de son arrivée au Bocage. Les chapitres précédents sont destinés à remplir la lacune qui séparait les deux époques, et pendant laquelle Arthur semble avoir négligé de tenir ce *memorandum*.

j'agis à peu près comme les gens qui, ne pouvant faire un calcul de tête, sont obligés de le faire sur le papier.

Quel sera pour moi la fin de cet amour? Le docteur Ralph a formellement signifié à madame de Fersen que ma présence serait longtemps indispensable à la parfaite guérison d'Irène, et que, pendant deux ou trois mois encore, il fallait surtout songer à calmer l'imagination de cette enfant, et à ne pas lui donner la moindre secousse ou le moindre chagrin : ces émotions étant d'autant plus dangereuses pour elle qu'elle les concentrait profondément.

L'attraction que j'inspire à Irène, attraction que le docteur Ralph attribue à des affinités magnétiques et mystérieuses, dont il cite mille exemples, soit chez les hommes, soit chez les animaux, mais qu'il avoue ne pouvoir expliquer ; cette attraction, dis-je, me met dans une position singulière.

L'action de ma présence ou de mon absence sur cette enfant est un fait acquis, irrécusable. Depuis près d'une année Irène a eu trois ou quatre crises légères, graves, ou presque mortelles, qui n'ont pas eu d'autres causes que son chagrin de ne plus me voir, et surtout de ne plus me voir auprès de sa mère.... car sa gouvernante m'a dit depuis que même nos entrevues des Tuileries n'avaient pas complétement satisfait Irène, qui regrettait toujours le temps de son séjour à bord de la frégate.

Ma présence est donc pour ainsi dire le lien qui attache Irène à la vie.

Sans mon amour, sans ma passion pour Catherine, sans l'intérêt profond que m'inspire son enfant, cette impérieuse obligation de ne jamais quitter Irène me serait pénible et embarrassante.

Mais j'adore sa mère! Mais si je le compare aux autres sentiments que j'ai éprouvés, celui qu'elle m'inspire est le plus profond de tous... et il faut que, la voyant chaque jour, que, rapproché d'elle par les circonstances les plus saisissantes, les plus mystérieuses, les plus faites pour porter l'amour le plus calme jusqu'à l'exaltation, il faut que je me taise, que Catherine soit pour moi une sœur, une amie!

Ce serait donc au nom de mon dévouement passé, presque au nom de l'influence fatale que j'exerce involontairement sur Irène, que je viendrais parler à Catherine des espérances de mon amour!

Ce rôle serait lâche... serait méprisable.

Et si la malheureuse mère allait croire, mon

Dieu! que j'exige son amour pour prix de ma présence auprès de sa fille!...

Ah! cette pensée est horrible!...

. . . .

Aussi mon parti est bien pris, irrévocablement pris.

Jamais un mot d'amour ne sortira de ma bouche.

. . . .

———

Au Bocage, 11 mai 18...

Mes bonnes actions me portent malheur.... Encore une raison de plus pour garder le silence le plus complet.

Ce matin on a apporté les journaux dans le salon.

Madame de Fersen en ouvrit un et s'est mise à le lire.

Tout à coup je l'ai vue interrompre sa lecture, tressaillir, rougir beaucoup; puis, avec l'expression d'une surprise muette, elle a abaissé lentement ses mains sur ses genoux en secouant sa tête, comme si elle eût dit : — Est-ce bien possible!

Jetant ensuite sur moi un regard voilé de larmes, elle s'est brusquement levée, et est sortie.

Ne sachant à quoi attribuer cette vive émotion, je ramassai le journal, et bientôt les lignes suivantes m'expliquèrent l'étonnement de madame de Fersen.

« On sait que la maison *** et compagnie du Havre a fait, il y a un mois, une faillite qui s'élève, dit-on, à plusieurs millions. Le chef de cette maison s'est embarqué secrètement pour les États-Unis. Quelques créanciers, prévenus des bruits alarmants qui couraient sur la solidité de cette maison, avaient retiré à temps une partie de leurs fonds. M. Dumont, agent d'affaires de M. le comte Arthur de ***, compromis dans cette faillite pour la somme de cent cinquante mille francs, n'a pas été aussi heureux: manquant à cette époque de pouvoirs nécessaires, quoiqu'il fût venu au Havre pour parer à ce désastre, il a déposé sa plainte au parquet de M. le procureur du roi, la banqueroute devant être évidemment regardée comme frauduleuse; mais, en présence de l'actif, qui se monte à peine à quatre-vingt mille livres, les nombreux créanciers de la maison *** doivent considérer leurs fonds comme perdus. »

Madame de Fersen avait su mon départ précipité pour le Havre, puisque son courrier m'avait atteint avant mon arrivée dans cette ville. J'en étais revenu immédiatement ; l'époque de ce retour coïncidait avec la date de la faillite. Il était donc évident pour Catherine que mon empressement à me rendre auprès d'Irène mourante m'avait seul causé cette perte. Aussi, maintenant, plus que personne, je dois craindre de paraître demander le prix de mon sacrifice.

En parcourant machinalement le journal, au-dessous de la nouvelle que je viens de citer, je lus la note suivante, qui m'intéressait.

La feuille que je lisais était une feuille semi-officielle ; on pouvait la regarder comme bien renseignée.

« On parle de quelques mutations prochaines dans notre corps diplomatique. On cite parmi les personnes qui pourraient être appelées à un emploi très-éminent dans les affaires étrangères, M. le comte Arthur de ***, qui, très-jeune encore, a tout droit à cette faveur par ses voyages, par ses études et par des travaux consciencieux auxquels il s'est longtemps livré comme chef du cabinet particulier de S. E. M. le ministre des affaires étrangères. Ces renseignements, que nous pouvons donner pour certains, prouvent assez que lorsque la distinction de la naissance et les avantages de la fortune accompagnent une capacité éminente et reconnue, on doit tout attendre de l'appui et des encouragements des ministres du roi. »

Cette note émanait du cabinet de M. de Serigny, qui croyait, pendant mon absence, m'être fort agréable en demandant sans doute au roi quelque faveur pour moi.

Assez indifférent, je l'avoue, à cette nouvelle, j'allai retrouver Catherine.

Je la rencontrai dans une allée du parc.

Je sais tout, — me dit-elle en me tendant la main...

Encore cela... encore cela... mon Dieu!... — ajouta-t-elle en levant les yeux au ciel. — Et moi, qu'ai-je donc fait pour lui?

Ces mots m'allèrent au cœur et me causèrent une émotion si douce, si profonde, que mes espérances se réveillèrent malgré moi... Mais bientôt, réprimant ces pensées, et voulant changer le sujet de la conversation, je lui dis :

« Vous ne me faites donc pas compliment de mes succès futurs ? »

Elle me regarda d'un air étonné.

« Quels succès ?

— Vous n'avez donc pas lu le journal d'aujourd'hui ?

— Si... mais de quels succès parlez-vous ?

— On dit dans ce journal que je serai appelé très-prochainement à un emploi important dans les affaires étrangères. »

Catherine reprit sans paraître m'avoir entendu :

« Voulez-vous me faire une promesse ?

— Quelle est-elle ?

— Je vais vous envoyer Irène au chalet... mais je ne désire pas vous voir aujourd'hui... Vous ne m'en voudrez pas ? — me dit-elle en me tendant tristement la main.

— Non sans doute, » — lui dis-je très-étonné de cette résolution subite.

Au Bocage, 13 mai 18...

. . . .

Depuis combien de temps ce journal est-il interrompu,... je ne sais... je ne m'en souviens plus.

Et d'ailleurs maintenant sais-je quelque chose? ai-je des souvenirs?

Tout ce qui m'arrive n'est-il pas un songe, un songe si éblouissant que je me demande où est la limite du réel? où finit le rêve? où commence le réveil?

Songe, souvenir, réveil !!! ce sont là des mots vains et décolorés... que j'employais avant ce jour...

Je voudrais maintenant des mots nouveaux pour peindre ce que je n'avais pas encore ressenti.

Non-seulement me servir des termes d'autrefois pour dire mes émotions d'aujourd'hui me semble impossible... mais encore j'y vois un blasphème... une profanation...

Ne serais-je pas le jouet d'une illusion?...

Est-ce bien moi... moi... qui écris ceci *au Bocage*... dans le chalet ?...

Oui, oui, c'est moi... je regarde cette pendule, elle marque cinq heures... je vois l'étang réfléchir les rayons du soleil, j'entends les arbres frémir sous la brise, je sens le parfum des fleurs, et au loin j'aperçois sa demeure *à elle.*

Ce n'est donc pas un songe ?

Voyons, rassemblons mes souvenirs.... remontons pas à pas jusqu'à la source de ce torrent de félicité qui m'enivre...

Quel jour sommes-nous aujourd'hui ?... je ne sais plus... Ah ! c'est dimanche... elle est allée à la messe ce matin... et elle y a pleuré... beaucoup pleuré.

Bénies soient ces précieuses larmes !

Mais quand donc avons-nous reçu ces journaux ?... Les voici, c'était avant-hier...

Avant-hier !... chose étrange !... Des années se seraient passées depuis ce jour qu'il ne me paraîtrait pas plus lointain !!!

Entre le passé d'hier qui nous était presque indifférent, et le présent d'aujourd'hui qui est tout pour nous... il y aurait donc un siècle de distance ?...

Oui, c'était avant-hier... que Catherine m'a prié de la laisser seule.

Je lui ai obéi ; mais il me semble que cela m'a beaucoup attristé.

Irène est venue jouer sur les marches du chalet.

La cloche du dîner a sonné...

Au lieu de paraître à table comme à l'ordinaire, Catherine m'a fait prier de dîner seul, car *elle* était souffrante !

Le soir, le temps était lourd... Catherine est descendue dans le salon... je l'ai trouvée très-pâle...

« J'étouffe chez moi, — m'a-t-elle dit, — je suis inquiète... agitée... nerveuse... ce temps est si orageux ! »

Puis, elle m'a demandé mon bras pour se promener dans le parc... Contre son habitude, elle a dit à madame Paul, gouvernante d'Irène, de nous suivre avec sa fille.

Nous avons pris l'allée tournante du bois, et nous sommes arrivés près la petite tonnelle recouverte de glycynées, où *elle* m'avait attendu avec Irène le premier jour de mon arrivée au Bocage...

Je ne sais si ce fut l'émotion, ou la fatigue, ou la souffrance, mais Catherine se trouva sutiguée, et voulut s'asseoir sur un banc de gazon.

Le soleil était couché, le ciel couvert de nuages empourprés par les derniers rayons du soleil, et à chaque instant sillonnés par d'éblouissants éclairs de chaleur qu'Irène suivait d'un air curieux et rassuré.

Catherine ne disait rien... et semblait profondément absorbée.

Le crépuscule commençait à obscurcir le bois, lorsque Irène, que sa gouvernante tenait sur ses genoux, s'endormit.

« Madame, mademoiselle Irène s'endort, — dit madame Paul ; — M. le docteur a bien recommandé de ne pas la laisser exposée à la fraîcheur du soir...

— Rentrons, » me dit Catherine... Et elle se leva.

Elle était si faible, qu'elle s'appuyait sur mon bras de tout son poids.

Nous marchâmes ainsi quelques pas... mais très-lentement ; madame Paul nous précédait avec Irène.

Tout à coup je sentis Catherine presque défaillir, elle me dit à voix basse : « Je ne puis faire un pas de plus... je suis brisée...

— Tâchez, — lui dis-je, — d'atteindre seulement le chalet, il est tout proche... vous vous reposerez sur le banc qui est à la porte...

— Mais Irène! » s'écria-t-elle avec inquiétude.

Une sinuosité de la route nous cacha la gouvernante qui nous avait déjà de beaucoup devancés.

Je soutins Catherine, et quelques secondes après elle fut assise devant la porte du chalet.

Les nuages orageux s'étaient dissipés; à nos pieds nous voyions l'étang dans lequel les étoiles commençaient à se réfléchir... Le parfum des fleurs, que les temps lourds et chauds rendent plus pénétrant, saturait l'air... il n'y avait pas un souffle de brise, pas un bruit.

La nuit était si douce, si belle, si transparente, qu'à son indécise clarté je distinguai parfaitement les traits de Catherine... Toute ma vie semblait concentrée dans mon cœur, qui battait avec force.

Comme Catherine, je me sentais aussi accablé, énervé par l'atmosphère tiède et embaumée qui nous entourait...

Madame de Fersen était assise et accoudée sur des coussins; son front se reposait dans une de ses mains.

Le calme était si profond, que j'entendais le bruit précipité de la respiration de Catherine.

Je tombai dans une rêverie profonde, à la fois douce et triste...

Jamais peut-être je ne devais rencontrer une occasion plus favorable de dire à Catherine tout ce que je ressentais ; mais la délicatesse, mais la crainte de paraître parler au nom d'un service rendu me rendaient muet.

Tout à coup elle s'écria :

« Je vous en supplie, ne me laissez pas à mes pensées ; que j'entende votre voix... Dites-moi ce que vous voudrez... mais parlez-moi ; au nom du ciel ! parlez-moi.

— Que vous dirai-je ?... repris-je avec résignation.

— Qu'importe !... — s'écria-t-elle en joignant les mains d'un air suppliant ; — qu'importe !... mais parlez-moi, mais arrachez-moi aux pensées qui m'obsèdent... ayez pitié, ou plutôt soyez sans pitié... accusez-moi, accablez-moi, dites-moi que je suis une femme assez ingrate, assez égoïste... assez lâche pour n'avoir pas le courage de la reconnaissance, — s'écria-t-elle en s'animant malgré elle, et comme si elle eût laissé échapper un secret trop longtemps contenu. — Ne ménagez pas vos reproches, car vous ne savez pas combien votre résignation me fait mal... vous ne savez pas combien je désirerais vous trouver moins généreux. Car enfin... que dire d'une femme qui, rencontrant un ami sûr, discret, se laisse pendant six mois entourer par lui des soins les plus délicats, les plus assidus et les plus respectueux, qui le voit se dévouer aux moindres caprices d'un pauvre enfant souffrant... et puis qui, un jour, pour toute reconnaissance, et par le plus vain, le plus honteux des motifs, congédie brutalement cet ami... Et ce n'est pas tout, cette femme, dans une circonstance épouvantable, a de nouveau besoin de lui... lui seul peut sauver la vie de sa fille... elle l'appelle aussitôt, car elle sait qu'elle peut tout attendre de l'abnégation de ce cœur héroïque; lui, sacrifiant tout, accourt à l'instant pour arracher l'enfant à la mort...

— Je vous en prie... ne parlons pas de ces tristes souvenirs... ne songeons qu'au bonheur présent, » lui dis-je...

Mais Catherine ne parut pas m'avoir entendu, et continua avec un degré croissant d'exaltation qui m'effraya :

« Et cela sans que cet ami si bon, si noble, ait jamais osé dire un mot qui pût faire la moindre allusion à son admirable conduite! Génie tutélaire de cette femme et de son enfant, quand tous deux souffrent... il se contente d'être là... toujours là... doux, triste, résigné... et puis, quand il a fini de les sauver, car sauver l'enfant, c'est sauver la mère, il s'en va, fier, silencieux et réservé... heureux sans doute du bien qu'il a fait, mais semblant craindre l'ingratitude ou dédaigner la reconnaissance qu'il inspire... »

La voix de Catherine devenait de plus en plus brève et plus saccadée; j'étais enivré de ses paroles, mais elles me paraissaient presque arrachées à Catherine par une excitation fiévreuse; elles contrastaient tant avec sa réserve habituelle, que je craignais que cette raison, jusqu'alors si ferme et si sereine, ne subît enfin la réaction tardive des effroyables secousses qui, depuis six semaines, l'avaient ébranlée...

« Catherine, Catherine! — m'écriai-je, — vous aimez trop votre enfant pour que j'aie jamais pu douter de votre gratitude! ma plus chère, ma plus précieuse récompense... »

Quoiqu'elle eût entendu ma réponse, puisqu'elle y fit allusion, Catherine reprit avec un accent de plus en plus passionné :

— Oh! oui, oui; dites-moi bien que le sentiment délicieux... invincible, qui me charme et qui m'enivre à cette heure... c'est de la reconnaissance... dites-moi bien que rien n'est plus saint, que rien n'est plus religieux, plus légitime que ce que je ressens... Une femme a bien le droit de dévouer sa vie à celui qui lui a rendu son enfant ! surtout quand celui-là... aussi généreux que délicat... n'a jamais osé dire un mot de ses justes espérances... aussi... n'est-ce pas que c'est à elle... à elle... de venir... lui demander... avec bonheur, avec orgueil... Comment jamais récompenser tant d'amour ?

— En le partageant !... — m'écriai-je.

— En avouant... qu'on l'a toujours partagé...» — dit Catherine d'une voix faible.

Et elle laissa tomber ses mains dans les miennes avec accablement.

Au Bocage, 16 mai 18...

. . . .

Malheur !... malheur !...

Depuis hier je ne l'ai pas vue. Le docteur Ralph est arrivé ici cette nuit, il la trouve dans le plus grand danger... il attribue cette fièvre dévorante, cet affreux délire à la réaction de toutes les angoisses que la malheureuse femme a contenues pendant la maladie de sa fille...

Mais il ne sait pas tout...

Ah! que ses remords doivent être terribles! combien elle doit souffrir, et je ne suis pas là, et je ne puis pas être là.

Oh! oui, je l'aime... je l'aime de toutes les forces de mon âme, car ce souvenir enivrant, qui me rendait hier presque fou de bonheur, maintenant je le maudis!

La vue d'Irène me fait mal... aujourd'hui cette enfant est venue à moi, je l'ai repoussée... elle est fatale à sa mère, comme elle sera peut-être fatale à moi-même . . . .

. . . .

Le docteur Ralph sort d'ici... il n'y a pas de mieux.

J'ai remarqué en lui un changement singulier.

Ce matin, comme toujours, en arrivant, il m'a donné la main avec cordialité; ordinairement sa figure austère exprimait un sentiment de bienveillance en m'abordant... Ce soir, je lui ai tendu la main, il ne l'a pas prise. Son regard m'a semblé sévère, interrogatif... Après m'avoir instruit brièvement de l'état de la santé de Catherine, il est sorti d'un air glacial.

Dans l'égarement de la fièvre... Catherine aurait-elle parlé?...

Oh! cette pensée est horrible... heureusement il n'y a près d'elle que la gouvernante d'Irène et que le docteur Ralph.

Mais qu'importe!... qu'importe... cette gouvernante est une de ses femmes, ce médecin est un étranger! et elle si fière, parce qu'elle avait toujours eu le droit d'être fière... la voilà peut-être désormais forcée de rougir devant ces gens-là!

Si elle a parlé... elle ne le sait pas, elle ne le saura sans doute jamais; mais ils le savent, eux... ils ont peut-être son secret et le mien...

Si d'un mot on pouvait anéantir deux personnes... je le dirais, je crois...

Au Bocage, 17 mai 18...

Que faire, que devenir, si la maladie continue de marcher avec cette rapidité? Le docteur Ralph ne veut plus se charger seul de cette responsabilité... il réunira alors plusieurs mé-

decins consultants et. . . . .
. . . .

Je ne puis continuer à écrire, les sanglots me suffoquent.

Il m'est arrivé ce matin une chose étrange.

Lorsque le docteur m'a annoncé que la maladie de Catherine empirait... je suis revenu ici, dans le chalet; j'ai voulu écrire ce que je ressentais, car je ne puis ni ne veut confier à personne mes joies ou ma douleur; aussi lorsque mon cœur déborde de félicité ou de malheur, j'éprouve un grand soulagement à faire au papier ces confidences muettes.

En apprenant le nouveau danger que courait Catherine, j'ai tant souffert, que j'ai voulu écrire mes angoisses... c'est-à-dire les épancher...

Cela m'a été impossible... je n'ai pu que tracer d'une main tremblante les mots qui commencent cette page, et qui ont été bien vite interrompus par mes larmes...

Alors je suis sorti dans le parc...

Là, pour la première fois j'ai amèrement regretté, oh! bien amèrement regretté de n'avoir ni la foi ni l'espérance religieuse...

J'aurais pu prier pour Catherine!

Sans doute il n'y a rien de plus accablant

que de reconnaître l'épouvantable vanité des vœux qu'on adresse au ciel pour un être adoré que vous tremblez de perdre ; mais, au moins, vous avez une minute d'espoir... mais, au moins, c'est un devoir que vous remplissez... mais, au moins, votre douleur a un langage, — vous ne la croyez pas stérile !!!

Mais ne pouvoir dire à aucune puissance humaine ou surhumaine *sauvez-la !!!* c'est affreux.

Je sentis si douloureusement cette impuissance, qu'éperdu je tombai à genoux sans savoir à qui j'adressais mon ardente prière. Mais profondément convaincu, dans ce moment d'hallucination, que ma voix serait entendue, je m'écriai : — Sauvez-la !.. — sauvez-la !... Puis, malgré moi, j'eus une lueur d'espérance, j'eus pour ainsi dire la conscience d'avoir accompli un devoir.

Plus tard, je rougis de ce que j'appelais ma faiblesse, ma puérilité.

Puisque mon esprit ne pouvait comprendre, et conséquemment ne pouvait croire les affirmations qui constituent les différentes religions humaines, quel dieu implorai-je ?...

Quel pouvoir avait pu m'arracher cette

prière... le dernier cri, la dernière formule du désespoir.

. . . .

La crise que le docteur redoutait n'a pas eu lieu...

Catherine n'est pas mieux, mais elle n'est pas plus mal... Pourtant le délire continue.

La froideur du docteur Ralph à mon égard est toujours extrême.

Depuis que sa mère est malade, Irène donne de fréquentes preuves de sensibilité et de tendresse enfantine, mais sérieuse et résolue comme son caractère.

Ce matin elle m'a dit : « Ma mère souffre beaucoup, n'est-ce pas?

— Beaucoup, ma pauvre Irène!

— Quand un enfant souffre, sa mère vient souffrir à sa place pour qu'il ne souffre plus, n'est-ce pas? — me demanda-t-elle gravement.

Étonné de ce singulier raisonnement, je la regardai attentivement sans lui répondre; et elle reprit :

— Je veux souffrir à la place de ma mère... menez-moi au médecin. »

Cet enfantillage, qui m'aurait fait sourire dans d'autres circonstances, me navra... et j'embrassai Irène pour cacher mes larmes...

Au Bocage, 17 mai 18...

Il y a de l'espoir... le délire cesse... un abattement profond lui succède. Le docteur Ralph redoutait l'ardeur, l'activité de son sang enflammé.

Maintenant il redoute l'atonie, la faiblesse.

La connaissance lui est revenue... Son premier mot a été le nom de sa fille.

La gouvernante m'a dit que le docteur n'avait pas encore permis qu'on la lui amenât.

Vingt fois j'ai été sur le point de demander à madame Paul si Catherine s'était informée de moi... mais je ne l'ai pas osé...

. . . .

Au Bocage, 18 mai 18...

Aujourd'hui, pour la première fois, le docteur Ralph a permis à la gouvernante de conduire Irène auprès de madame de Fersen.

J'attendais avec une impatience douloureuse et inquiète le moment où je verrais Irène, espérant avoir par elle quelques renseignements sur sa mère... et peut-être... un mot, un souvenir de Catherine.

Une fois revenue à elle, je ne sais quel parti madame de Fersen prendra envers moi.

Souvent, pendant le paroxisme de remords désespérés qui suivent une première faute, les femmes haïssent l'homme auquel elles ont cédé... de toute la violence de leurs regrets, de toute l'énergie de leur douleur, elles l'accablent de reproches ; c'est sur lui seul que doit peser toute la responsabilité du crime ; elles n'ont pas été ses complices, mais ses victimes.

Si leur âme est restée pure, malgré un moment d'égarement involontaire, elles prennent la résolution sincère de ne plus voir celui qui les a séduites et de... n'avoir au moins à pleurer qu'une trahison, qu'une surprise.

Cette résolution, elles y sont d'abord fidèles.

Elles cherchent, non à excuser, mais à racheter leur faute à leurs propres yeux par le rigoureux accomplissement de leurs devoirs; mais le souvenir de cette faute est là... toujours là...

Plus le cœur est noble, plus la conscience est sévère, plus le remords est implacable... Alors elles souffrent affreusement, les malheureuses... car elles sont seules, car elles sont forcées de dévorer leurs larmes solitaires et de sourire au monde...

Alors, quelquefois, effrayées de cette solitude, de cette concentration muette de leurs peines, elles se résignent à demander des consolations, de la force à celui qui les a perdues. Au nom de leurs remords, elles le supplient d'oublier un moment d'erreur... de n'être plus pour elles qu'un ami sincère, que le confident des chagrins qu'il a causés. Mais, presque toujours, les femmes n'ont pas encore pleuré toutes leurs larmes...

L'homme, grossier comme son espèce, ne comprend pas cette lutte sublime de l'amour et du devoir dont elles souffrent. Ces martyres de tous les instants, ces terreurs menaçantes que soulève chez elles le souvenir de l'honneur, de la famille, de la religion outragés ; ces épouvantables tortures, l'homme les traite de *caprice ridicule,* de *scrupule de pensionnaire,* ou de *sotte influence de confessionnal.*

Si la lutte se prolonge, si la pauvre femme épuisée use sa vie à sauver les apparences d'une douleur qui la déshonore, et résiste vaillamment à commettre une autre faute, l'homme s'irrite, se révolte contre ces *pruderies* qui le blessent dans son amour-propre, dans le vif de sa passion avide et brutale ; une dernière fois il injurie à tant de vertu, à tant de malheur et à tant de courage, en disant à cette femme désolée que *ce regain de principes est un peu tardif ;* et, ivre d'une ignoble vengeance, il court aussitôt afficher une autre liaison avec le cynisme de sa nature.

Et il a été aimé, et il est aimé ! et une femme, et belle et vertueuse, a risqué pour lui son bonheur, son avenir, celui de ses enfants ! tandis que lui eût lâchement reculé devant le moindre de ces sacrifices...

Pourquoi donc si misérable, et pourtant si adoré?... Parce que les femmes aiment bien plus les hommes pour les qualités qu'elles sont obligées de leur rêver, et dont leur exigeante délicatesse les pare, que pour celles qu'ils possèdent réellement.

Si au contraire, par une bien rare exception, un homme comprend tout ce qu'il y a de saint et d'adorable dans les remords, s'il tâche de calmer les douleurs qu'il a causées, sa douceur, sa résignation ont pour une femme de plus grands dangers encore...

Catherine... éprouvera-t-elle ces remords incessants?

Ou bien, comme ces femmes qui, par une soif insatiable de dévouement, ou par la pudeur du chagrin, cachent leurs peines et ne laissent voir que leur félicité, Catherine voudra-t-elle me laisser ignorer ses angoisses?...

La connaissant comme je la connais, je crois pouvoir presque deviner quels seront ses sentiments pour moi d'après ce que Irène me rapportera de sa conversation.

Aussi j'attends l'arrivée de cette enfant avec une impatience ardente...

. . . .

Joies du ciel!!! je la vois accourir avec un bouquet de roses à la main...

. . . .

Mon cœur ne me trompe pas : c'est Catherine qui me l'envoie.

Elle me pardonne mon bonheur...

CHAPITRE LIX.

UNE FEMME POLITIQUE.

Là s'arrêtent les fragments de journal que j'ai autrefois écrits au Bocage. . . . .
. . . .

Pendant les quatre mois qui suivirent l'aveu de Catherine, et que nous passâmes dans cette profonde solitude, ma vie fut si complétement remplie par les enivrements de notre tendresse toujours renaissante, que je n'eus ni le temps ni le besoin de retracer tant de délicieuses émotions.

Alors Catherine m'avoua que depuis notre départ de Khios elle avait ressenti pour moi un vif intérêt.

Quand je lui demandai pourquoi elle m'avait un jour si durement traité en me priant de ne plus voir sa fille, elle me dit que son désespoir de se sentir de plus en plus dominée par l'affection qu'elle éprouvait pour moi, joint à la jalousie et à son chagrin de me savoir épris d'une femme aussi légère que madame V***, l'avait seul décidée à mettre un terme à la mystérieuse intimité dont Irène était le lien, quoique cette détermination lui eût horriblement coûté.

Apprenant ensuite la fin de ma prétendue liaison avec madame de V***, et voyant que l'absence, au lieu de diminuer l'influence que j'avais sur elle, l'augmentait encore, Catherine avait plusieurs fois tenté de renouer nos relations d'autrefois. Irène commençait d'ailleurs à s'affecter gravement de ne plus me voir. — Mais l'amour est si inexplicable dans ses contrastes et dans ses délicatesses, — me dit Catherine, — que cette raison même, jointe à votre apparence de dédain et de froideur, me fit toujours hésiter de venir franchement à vous, craignant que ma démarche ne vous parût seulement dictée par ma sollicitude pour la santé de ma fille.

— Pourtant, l'état de cette pauvre enfant empirait tellement qu'à ce bal du château j'étais bien résolue de vaincre ma timidité et de tout vous dire; mais votre accueil fut si glacial, votre départ si brusque, que cela me fut impossible... Le lendemain je vous écrivis... mais vous ne me répondîtes pas... Il fallut, hélas! que la vie d'Irène fût désespérée pour que j'osasse de nouveau vous écrire au Havre!... Dieu sait avec quelle admirable générosité vous m'avez entendue. . . . .

. . . .

La première amertume de ses remords passée, l'amour de Catherine pour moi fut calme, digne et presque serein.

On sentait qu'après avoir fait tout pour résister à une passion invincible, cette femme était disposée à subir avec une courageuse résignation les conséquences de sa faiblesse.

Les quatre mois que nous passâmes au Bocage furent pour moi, furent pour elle l'idéal du bonheur.

Mais à quoi bon parler de bonheur?... tout ceci maintenant est une cendre amère et froide!...

Qu'importe, hélas! continuons la triste tâche que je me suis imposée.

. . . .

Lorsque je pus arracher quelques minutes à mon amour, j'écrivis à M. de Sérigny pour le remercier de ses intentions bienveillantes, dont j'avais été instruit par la note d'un journal officiel, et aussi pour le prévenir que je resterais encore absent pendant quelques mois; que je ne pouvais lui dire le lieu de ma retraite, mais que je le priais, dans le cas où l'on s'informerait de moi auprès de lui, de répondre de telle sorte qu'on me crût en pays étranger.

Au mois de septembre, Catherine, apprenant que son mari devait arriver à la fin de l'année, m'annonça qu'elle désirait revenir à Paris.

Ce désir de Catherine m'étonna et m'affligea.

Nous avions beaucoup agité la question de savoir si je continuerais ou non les fonctions dont je m'étais chargé auprès de M. de Serigny.

Catherine avait constamment persisté à m'y engager.

En vain je lui représentais que ces heures d'insignifiant travail seraient dérobées à notre amour, et que je ne trouverais plus aucun attrait dans cette occupation, où je n'avais cherché qu'une distraction à mes chagrins. En vain je lui disais que toute la correspondance dont j'étais chargé ne roulait que sur les sujets les plus mesquins du monde, et ne m'offrait aucun intérêt.

A cela elle me répondait que, vers une époque plus ou moins rapprochée, de grandes questions seraient nécessairement agitées dans les hautes régions politiques, et que je regretterais alors d'avoir quitté cet emploi. Elle se montrait enfin si fière, si heureuse des distinctions que mon mérite, disait-elle, m'avait déjà attirées de la part du roi ; elle s'avouait si orgueilleuse de mes succès, que je finis par lui promettre tout ce qu'elle voulut à ce sujet.

Il fut donc résolu entre nous que je reprendrais ma position auprès de M. de Serigny.

Afin de ne pas arriver à Paris en même temps que madame de Fersen, et de faire croire que j'étais resté quelque temps en voyage, je devais partir du Bocage pour Londres, et revenir ensuite à Paris rejoindre Catherine.

Après quinze jours passés en Angleterre, j'étais de retour à Paris auprès de madame de Fersen.

M. de Serigny m'avait servi à souhait ; dans le monde, on crut généralement qu'une mission importante m'avait retenu pendant six mois à l'étranger.

Le ministre me parut fort aise de me voir partager de nouveau sa table de travail; car le roi, me dit-il, avait bien voulu souvent s'informer de l'époque de mon retour, témoignant son regret de ce que le résumé des dépêches ne fût plus fait par moi.

Aux yeux du monde, je ne vis pas d'abord madame de Fersen beaucoup plus assidûment qu'avant notre départ pour le Bocage; mais peu à peu mes visites devinrent un peu plus fréquentes, sans être pour cela plus remarquées.

Mon caractère d'*homme ambitieux*, complétement absorbé par les affaires d'État, était alors trop généralement accrédité, la réputation de madame de Fersen trop solidement assise dans l'opinion publique, pour que le monde, fidèle à ses habitudes routinières, ne continuât pas de nous accepter ainsi, et il eût fallu bien des apparences contraires à ces idées pour lui faire changer de manière de voir à notre égard.

Le mystère impénétrable qui entourait notre bonheur le doublait encore.

Si souvent je regrettais nos radieuses journées du Bocage, ces journées d'un bonheur si calme, si facile! souvent aussi, lorsqu'à Paris j'échangeais avec Catherine un tendre regard inaperçu de tous, mais bien compris par nous, je ressentais cette joie orgueilleuse qu'on éprouve toujours lorsqu'on possède un secret à la fois formidable et charmant, d'où dépendent l'honneur, l'existence, l'avenir d'une femme adorée.

Quelque temps avant son départ, M. de Fersen m'avait confié que sa femme devenait indifférente aux intérêts politiques dont elle s'était beaucoup occupée jusqu'alors...

De retour à Paris, je vis avec étonnement Catherine reprendre peu à peu ses anciennes relations.

Son salon, que je fréquentais assidûment, était, comme autrefois, le rendez-vous habituel du corps diplomatique. Bientôt les sujets d'entretien qu'on y traitait journellement devinrent si sérieux, qu'à l'exception des ministres et de quelques orateurs influents des deux chambres, la société française élégante et futile disparut presque entièrement des réunions de madame de Fersen.

Quoique sérieuses, ces conversations n'avaient pas une véritable importance: ou elles s'élevaient si haut qu'elles allaient jusqu'aux théories les plus abstraites et les moins praticables; ou elles descendaient à des intérêts si mesquins et si positifs qu'elles étaient étroites et misérables.

C'étaient encore des discussions aussi stériles qu'infinies sur ce thème usé : La Restauration devait-elle résister ou céder à l'influence démocratique ? etc., etc.

Catherine m'étonnait toujours par la flexibilité de son esprit et par les tendances généreuses de ses convictions. Un de ses triomphes surtout était la démonstration des avantages que devait trouver la France à préférer l'alliance russe à l'alliance anglaise. Lorsque je la complimentais à ce sujet, elle me disait en riant que *j'étais la France*, et que tout le secret de son éloquence était là.

J'aurais pu lui répondre aussi que ma diplomatie, c'était elle ; car, pour lui plaire, je surmontai ma profonde antipathie pour le commérage européen des diplomates qui se donnaient rendez-vous chez elle, et je conservai mes habitudes de travail auprès de M. de Serigny. Peut-être aussi demeurai-je dans cet emploi par un sentiment d'orgueil que je ne m'avouais pas, et que faisaient naître sans doute les distinctions dont le roi continuait de m'honorer, et la sorte d'importance dont je jouissais dans le monde ; et puis, enfin, grâce à mes fonctions, ma présence assidue chez madame de Fersen pouvait être attribuée à des relations purement politiques.

Ce qui me charmait dans Catherine était beaucoup moins l'influence que je lui savais acquise sur son entourage, que la grâce charmante avec laquelle elle abdiquait près de moi cette influence si respectée. — Cette femme, d'un esprit solide, élevé, et même un peu magistral, qu'on écoutait avec une rare déférence, dont on commentait les moindres paroles avec recueillement, se montrait dans notre intimité ce qu'elle avait été au Bocage, bonne, simple, gaie, d'une tendresse pleine d'effusion, et je dirais presque d'une soumission remplie de grâce, de prévenance ; toujours à mes pieds mettant ses triomphes, et riant avec moi de leur vanité.

Alors je la suppliais au nom de notre amour d'abandonner cette vie si inutilement occupée.

Sur ce sujet seulement je trouvais toujours Catherine intraitable. Elle m'objectait que M. de Fersen allait revenir à Paris, qu'elle avait commis une faute... une grande faute, et qu'elle devait au moins l'expier à force de dévouement aux intentions de son mari. Or, avant son départ, il lui avait expressément enjoint de conserver, d'étendre même les relations qu'elle s'était créées. Aussi obéissait-elle à ces volontés plutôt par suite des reproches que lui faisait sa conscience que par goût.

Autant que moi, elle regrettait ces heures si tristement employées ; autant que moi, elle regrettait nos anciens *entretiens de la galerie* à bord de la frégate, et surtout nos quatre mois passés au Bocage : *ce temps de paradis du cœur,* comme elle disait, ces jours sans prix qui ne rayonnent qu'une fois dans la vie et qu'on ne retrouve jamais... pas plus qu'on ne retrouve sa jeunesse passée.

Il n'y a rien de plus exclusif, de plus follement absolu que la passion. Tout en reconnaissant la vérité des observations de Catherine, je ne pouvais m'empêcher d'être malheureux de ces obligations que lui imposait le remords d'une faute que je lui avais fait commettre.

Pourtant Catherine se montrait si tendre, si attentive, elle trouvait avec une incroyable adresse de cœur tant de moyens de me parler indirectement de nous au milieu des entretiens les plus sérieux en apparence, que je prenais *mon bonheur en patience.*

En effet, il n'y a rien de si charmant que ce jargon de convention, au moyen duquel les amants savent se parler d'eux-mêmes, de leurs espérances et de leurs souvenirs, au milieu du cercle le plus solennel. Rien ne m'amusait tant que de voir les hommes les plus graves prendre innocemment part à nos entretiens à double sens.

Mais aussi ces personnages me faisaient souvent cruellement payer ces joies mystérieuses... D'abord ils me dérobaient presque toutes les soirées de Catherine, qui les passait généralement chez elle; et souvent dans la matinée, une lettre de leur part, demandant un rendez-vous à madame de Fersen, venait changer tous nos projets.

Catherine souffrait autant que moi de ces obstacles. Mais qu'y faire?... Sous quel prétexte refuser l'entrevue qu'on sollicitait d'elle?... Moi qui avais poussé jusqu'à la plus scrupuleuse délicatesse la crainte de compromettre en rien sa réputation, pouvais-je l'engager dans une démarche dangereuse?...

Non... non, sans doute; mais je souffrais cruellement de ces mille obstacles toujours renaissants, qui irritaient sans cesse la jalouse impatience de mon amour.

Notre bonheur avait été si complet au Bocage!!... Saison enchanteresse, pays charmant, solitude profonde, mystérieuse et extrême liberté ; tout avait été si adorablement réuni par le hasard, que la comparaison de ce passé au présent était un chagrin de tous les instants.

Mais ces regrets ne m'empêchaient pas de jouir des moments délicieux qui nous restaient. J'avais une foi profonde dans l'amour de madame de Fersen ; mes accès de défiance de moi et des autres n'avaient pu résister à l'influence de son noble caractère et à la conviction que j'avais cette fois de m'être conduit pour Catherine comme peu d'hommes se seraient conduits à ma place, et ainsi de mériter toute sa tendresse.

J'étais enfin si sûr de moi, que j'avais bravé certaines pensées d'analyse qu'autrefois j'aurais redoutées ; en un mot, j'avais impunément cherché quelle pouvait être l'arrière-pensée de l'amour de madame de Fersen ; et j'avoue que, la voyant très-grande dame, très-influente, fort riche et fort considérée, je ne pus, malgré toute ma sagacité inventive, malgré toutes les ressources de mon esprit soupçonneux, je ne pus, dis-je, trouver quel *intérêt* Catherine pouvait avoir à feindre de m'aimer.

. . . .

CHAPITRE LX.

PROPOS DU MONDE.

C'était au commencement du mois de novembre, un vendredi, mon jour néfaste.

Depuis quelque temps madame de Fersen, instruite du prochain retour de son mari, et voulant détourner tout soupçon, avait cru devoir être toujours chez elle et ne refuser sa porte à personne. Pourtant elle m'avait promis de me donner quelques heures.

Nos entrevues devenaient si rares, si difficiles, grâce à l'entourage qui l'obsédait, que j'attachais, comme elle, un grand prix à cette journée de bonheur. Catherine l'avait longtemps préparée à l'avance, en remettant ou en terminant mille riens qui sont autant de liens invisibles dans lesquels une femme du monde, quoique libre en apparence, est journellement enlacée. Enfin la veille, à l'heure du thé, Catherine m'avait encore réitéré sa promesse, devant son cercle habituel, en me disant selon nos conventions, qu'*elle espérait qu'il ferait beau le lendemain pour sa promenade.*

Je me souviens que l'encyclopédique baron de ***, qui se trouvait là, ayant ouvert à propos de cet espoir de *beau temps* une savante parenthèse météorologique et astronomique, une vive discussion s'éleva sur les influences planétaires et sur les causes atmosphériques.

Plusieurs fois Catherine et moi nous ne pûmes nous empêcher de sourire en songeant à la cause charmante et mystérieuse qui servait de point de départ aux doctes élucubrations de tant de savants personnages. Il nous fallut un très-grand sang-froid pour ne pas éclater de rire aux excellentes raisons que donnait le nonce du pape pour prouver qu'il devait nécessairement faire le lendemain un temps magnifique. J'étais si fort de son avis, que je me lançai à l'aventure dans son parti, et nous eûmes l'avantage sur un diabolique chargé d'affaires des États-Unis, qui s'acharnait, l'envieux républicain qu'il était, à prédire un temps exécrable.

Je quittai donc Catherine, ivre d'un espoir

aussi impatient qu'aux premiers temps de notre tendresse.

Il me semblait l'aimer encore plus ce jour-là qu'un autre jour ; j'avais fait mille rêves d'or sur cette entrevue, mon cœur débordait d'amour et d'espoir.

Ce soir-là, elle m'avait paru encore plus belle, encore plus spirituelle, encore plus écoutée, encore plus admirée que d'habitude ; et, il faut le dire à notre honte, c'est presque toujours l'éloge ou le blâme des indifférents ou des envieux qui font les alternatives d'ardeur ou de refroidissement que subit l'amour.

Le lendemain j'allais sortir, lorsque je reçus un mot d'elle... Notre entrevue était impossible : elle apprenait qu'une discussion de la dernière importance, et qu'on croyait ajournée, devait avoir lieu le jour même à la chambre des députés, et elle était obligée de s'y rendre avec M. P. de B***, ambassadeur de Russie.

Mes regrets, mon dépit, ma colère, mon chagrin furent extrêmes.

L'heure de la séance n'était pas arrivée, je me rendis chez madame de Fersen.

Le valet de chambre, au lieu de m'annoncer, me dit que madame la princesse avait défendu sa porte, et qu'elle était en conférence avec le ministre de Prusse...

Toute la lignée du marquis de Brandebourg eût été dans le salon que j'y serais entré, j'ordonnai donc au valet de chambre de m'annoncer.

Catherine, pour comble de désespoir, n'avait jamais été plus charmante; mon dépit, mon humeur s'augmentèrent encore.

Elle me sembla un peu surprise de ma visite, et le vénérable comte de W*** n'en fut pas moins contrarié; ce qui, je l'avoue, me fut fort égal.

Il quitta la princesse, en lui disant qu'ils reprendraient plus tard leur entretien.

« Combien je suis malheureuse de ce contre-temps! — me dit tristement Catherine... — Mais voilà bientôt une heure... la séance commence à deux, et notre ambassadeur...

— Eh! madame! — m'écriai-je en l'interrompant et en frappant du pied avec violence, laissons là les chambres et les ambassadeurs, il faut opter entre les intérêts de mon amour ou les intérêts des peuples auxquels vous vous dévouez... Le rapprochement est fort ridicule, je le sais... mais c'est votre incroyable manière d'être qui le provoque. »

Madame de Fersen me regarda avec un
étonnement profond et douloureux, car je ne
l'avais pas habituée à ces formes acerbes.

Je continuai :

« Je suis d'ailleurs ravi de trouver cette
occasion de vous dire une bonne fois pour toutes, que vos colloques, que vos verbiages continuels avec tous ces ennuyeux et suffisants
personnages me déplaisent et m'impatientent
au delà de toute expression... Jamais je ne
vous trouve seule... vous êtes toujours entourée
de ces gens-là, qui trouvent fort commode de
faire de votre salon une succursale de leur chancellerie... J'aimerais mille fois mieux que vous
fussiez entourée de jeunes gens les plus élégants et les plus spirituels, dussiez-vous vous
montrer pour eux aussi coquette que madame
de V***! Au moins je pourrais être jaloux de
quelqu'un; je pourrais lutter de soins et de
tendresse avec un rival... Mais ici... contre qui
voulez-vous que je lutte? A qui m'en prendre?
aux nations... Or, je vous déclare que je ne
trouve rien de plus pitoyable, de plus humiliant, que d'être réduit à être jaloux de l'Europe,
ou à disputer le cœur de la femme que j'aime
aux orateurs de la chambre... ainsi que je le
fais encore aujourd'hui...

— Mon ami... parlez-vous sérieusement ? — me dit madame de Fersen avec une incertitude à la fois timide, craintive et un peu railleuse, qui m'eût paru charmante, si Catherine n'eût pas été désespérément belle, et si certaines contrariétés ne vous rendaient pas aussi fous que méchants. D'ailleurs la question de madame de Fersen m'exaspéra, car elle me fit apercevoir que ma colère était véritablement fort près d'être comique.

— Les cœurs dévoués, les esprits généreux devinent les impressions et n'interrogent pas... Si vous en êtes réduite à me demander ce que j'éprouve, je vous plains... Quant à moi, je suis plus pénétrant... et je ne comprends que trop... que vous ne m'aimez pas...

— Je ne vous aime pas ! — dit madame de Fersen en joignant les mains avec une stupéfaction douloureuse ; puis elle répéta de nouveau : — Je ne vous aime pas... vous me dites cela... à moi ?...

— Si vous m'aimiez, vous me sacrifieriez tout cet entourage que je hais, parce qu'il me gêne, parce qu'il est inutile, parce qu'il vous oblige à fausser votre esprit. Si vous m'aimiez enfin, vous sacrifieriez la satisfaction de votre amour-propre à mon bonheur.

— Mon amour-propre... c'est par amour-propre que je conserve... que je cultive ces relations ! Mon Dieu ! faut-il vous répéter, Arthur, ce que je ne dis jamais sans honte et sans douleur... J'ai été bien coupable, au moins laissez-moi tout faire pour ne pas aggraver ma faute.

— Nous voici aux remords, — lui dis-je durement, — la rupture n'est sans doute pas loin... mais vous pourrez être prévenue...

— Ah !... que dites-vous là ?... c'est affreux... l'ai-je donc mérité !!! — s'écria Catherine les yeux baignés de larmes.

— Son Excellence monseigneur l'ambassadeur de Russie, » annonça le valet de chambre.

Madame de Fersen n'eut que le temps de disparaître derrière la portière du salon, et d'entrer dans sa chambre à coucher.

« J'attends comme vous madame de Fersen, — dis-je à M. P. de B*** — elle est sans doute encore à sa toilette... Vous allez à la chambre, je crois ?

— Oui... rien ne sera plus brillant et plus intéressant que cette séance, on dit que Benjamin Constant, Foy et Casimir Perrier doivent prendre la parole, et M. de Villèle leur répondra. »

Catherine entra, calme et posée, comme s'il ne se fût rien passé entre nous.

Son empire sur elle-même me révolta.

Après quelques paroles insignifiantes, M. P. de B*** lui fit observer qu'il était tard, et qu'il fallait partir pour trouver encore quelques places dans la tribune diplomatique. Il offrit son bras à madame de Fersen, qui me proposa de les accompagner, appuyant cette demande d'un regard suppliant, auquel je fus insensible.

Je sortis de chez madame de Fersen irrité, mécontent d'elle et de moi...

Je me fis descendre aux Tuileries pour me promener.

Par hasard je rencontrai Pommerive.

Je ne l'avais pas vu depuis mon départ de Paris. J'étais si triste, si maussade, que je ne fus pas fâché de trouver une distraction à mes pensées.

« D'où venez-vous donc, monsieur de Pommerive? — lui dis-je.

— Ne m'en parlez pas... j'ai été passer trois mois en Franche-Comté, à Saint-Prix, chez les d'Arancey... c'est révoltant!

— Ceux-là sont pourtant assez riches pour vous faire faire de ces excellents dîners que vous aimez tant, et dont vous vous montrez si reconnaissant, monsieur de Pommerive.

— La seule manière de prouver qu'on est reconnaissant d'un bon dîner, c'est de le manger avec plaisir, — dit le cynique. — Aussi je ne me plains pas de la table de d'Arancey : on y fait une chère de fermier-général. Le père d'Arancey a pardieu bien assez volé dans les fournitures et partout; il a assez démoli de châteaux, assez fait de banqueroutes frauduleuses et autres, pour que son impertinent de fils puisse afficher ce luxe-là... A propos, vous savez qu'il s'appelle d'Arancey comme moi Jéroboam ! Il s'appelle tout bonnement quelque chose comme Polimard ; or, ce nom roturier a offusqué ce monsieur... et, au moyen d'une légère modification, en substituant fort adroitemen d'*Aran* à *Poli*, et *cey* à *mard,* il a ainsi changé le beau nom de *Polimard* en d'*Arancey*... Il aime mieux ça... Vous me direz que ce fils de banqueroutier n'avait aucun motif pour tenir à son nom, vu qu'il n'en avait pas du tout, n'ayant pas été reconnu par le Polimard père, mort victime d'une épizootie qui désola son département... mais ce n'est pas une raison pour prendre le nom des d'Arancey et, qui pis est, leurs armes, que son impudente et vulgaire petite femme appelle, ma foi, *ses armes !* et qu'elle fait mettre, je crois, jusque-sur les tabliers de ses filles de cuisine. Voilà qui est joliment agréable pour le blason des d'Arancey, dont le nom est malheureusement éteint; car, sans cela, ce serait à faire fouetter et marquer les Polimard mâle et femelle, ainsi qu'aurait dû l'être le père Polimard, premier du nom ! »

Je n'eus pas cette fois le courage de blâmer Pommerive : ces gens-là étaient en effet de si grossiers parvenus, leur effronterie était si bourgeoise, leur insolence de laquais si ridicule, que je les lui abandonnai de bon cœur. — Mais qui vous a donc révolté chez vos excellents amis, monsieur de Pommerive ?

— Tout... parce que tout est bien, et que la présence de ces êtres-là sait tout gâter ! Au milieu de ce ménage de petites gens, je croyais toujours être avec le régisseur et la femme de charge de quelque grand seigneur absent, qui faisaient chère-lie en l'absence de leur maître... Mais ce n'est pas tout... est-ce que ce Polimard-d'Arancey ne s'était pas imaginé d'avoir un équipage de chasse !... est-ce qu'il n'avait pas osé prendre pour premier piqueur le fameux

La Brisée, qui sortait de la vénerie de monseigneur le duc de Bourbon !... Mais vous sentez bien que j'ai fait tant de honte à La Brisée de donner à courre à un M. Polimard, que je l'ai fait déserter, en le recommandant au marquis D. H*** chez lequel il serait au moins honorablement placé et apprécié.

— Je vois, monsieur de Pommerive, que vous êtes peu changé... Vous êtes toujours le plus bienveillant des hommes.

— Mais vous... que faites-vous ? Toujours homme d'État ? diplomate ?... Ah ! à propos de diplomate, est-ce que vous allez encore chez cet imbécile de prince russe, cette mauvaise doublure de Potier et de Brunet ? Moi, je ne remets plus les pieds chez lui, c'est-à-dire chez sa femme, car lui, il nous a fort heureusement débarrassés de sa personne...

— Et pour quelle raison madame la princesse de Fersen est-elle donc privée de l'honneur de vous voir, monsieur de Pommerive ?

— Pourquoi ?... parce que je fais généralement comme tout le monde ; et, à l'exception des diplomates et de quelques étrangers, personne de la société ne met plus les pieds chez la princesse.

— Et pourquoi cela ? — demandai-je machinalement à M. de Pommerive.

— Parbleu... ce n'est pas un secret ; tout le monde le sait : c'est que cette belle Moscovite est tout bonnement une ESPIONNE dans le grand style... »

CHAPITRE LXI.

DERNIÈRE SOIRÉE.

Encore un effort, et cette cruelle tâche sera accomplie...

En vain j'interroge ma mémoire, je ne me rappelle plus ce que je dis à Pommerive, je ne crois même pas lui avoir répondu.

Je me souviens seulement que je ne me sentis ni indigné ni irrité, comme je l'eusse été si cet homme m'avait paru proférer une calomnie ou une insulte ; au contraire... je restai anéanti devant cette épouvantable accusation ! elle éclaira tout à coup le passé d'une lueur sinistre... elle éveilla brusquement mes doutes implacables, dont je sentis aussitôt les morsures aiguës.

La douleur me donna le vertige...

Je rentrai machinalement chez moi, retrouvant ma route par instinct.

Peu à peu je mis de l'ordre dans mes idées.

J'avais déjà tant souffert pour des causes pareilles, que je voulus lutter de toutes mes forces contre ce nouveau doute.

J'espérais dégager la vérité de l'erreur, en soumettant le passé à l'horrible interprétation qu'on donnait à la vie de madame de Fersen.

Armé de cette accusation infâme, froid et calme comme un homme qui va jouer sa vie et son honneur sur une chance, je me mis à cette œuvre de détestable analyse...

Cette fois aussi j'écrivis mes pensées pour les éclaircir ; je retrouve cette note.

Elle contraste cruellement avec les pages radieuses... avec ces *jours de soleil*, autrefois tracés au Bocage.

Paris, 13 décembre.

Examinons les faits.

On accuse madame de Fersen d'être ESPIONNE...

Quelle créance sa conduite peut-elle donner à ce soupçon infâme?

Je rencontre Catherine à Khios. Après quelques jours d'intimité, je hasarde un aveu qu'elle repousse sévèrement; alors je l'entoure de prévenances et de respects, je lui donne les conseils les plus délicats et les plus généreux; si je ne prononce pas le mot amour, tout dans mes soins tendres et empressés révèle ce sentiment.

Elle y reste insensible, et m'offre son amitié.

Je retrouve Catherine à Paris. Malgré mon dévouement aveugle aux douloureux caprices d'Irène, malgré les preuves sans nombre de la passion la plus noble, la plus profonde, un jour, sous un prétexte frivole, sans hésitation, sans regret, sans motif, Catherine rompt brutalement avec moi.

Plus tard elle me dit, il est vrai, que la jalousie seule a dicté sa conduite...

Elle dit cela ; mais moi je me souviens de la sécheresse de son accent, de la dureté de son regard... qui me firent tant de mal.

Elle dissimulait sans doute. Elle sait donc feindre ; elle est donc fausse... je ne le croyais pas.

La mystérieuse affection dont Irène était le lien est donc brisée... Catherine ne m'aime pas ; elle se montre même amie ingrate. Je ne la vois plus.

Désespéré, je cherche une distraction dans le travail. J'accepte auprès du ministre un emploi en apparence important ; l'opinion publique m'attribue une part exagérée dans les affaires d'État. De ce moment, madame de Fersen, jusqu'alors si inflexible pour moi, perd peu à peu de sa froideur lorsqu'elle me rencontre dans le monde ; ses regards, le son de sa voix, démentent le vague insignifiant de sa conversation ; enfin, à un bal du château, elle vient résolument à moi dans le but de renouer nos relations rompues. Je reste froid à ses avances, et le lendemain elle m'écrit...

Ceci, elle me l'a avoué... Ce revirement soudain de son affection, elle l'attribue à sa joie de ma rupture avec madame de V*** et à l'état alarmant où se trouvait de nouveau sa fille...

Je veux la croire... car il serait bien odieux de penser que l'espoir de s'assurer une créature à elle, au sein du cabinet français, eût si brusquement changé son dédain pour moi en tendresse...

Je pars pour le Havre... Irène se meurt; sa mère m'appelle... j'accours, je la sauve...

Pendant un mois que je passe près de sa fille, Catherine me dit-elle un mot de vive gratitude, un mot de tendresse ?

Non...

Nous allons au Bocage; elle me témoigne le même attachement, calme et froid...

Mais un jour, une feuille officielle annonce que je vais être appelé à un poste éminent, où aboutissent les secrets d'État...

Le soir de ce jour... cette femme, jusque-là si sévère, si réservée, si chaste, se jette brusquement dans mes bras...

Il est vrai qu'elle s'est dite entraînée par son admiration reconnaissante pour un sacrifice qu'elle ignorait.

S'il faut la croire... qu'est-ce donc que son cœur ?

DERNIÈRE SOIRÉE.

J'avais sauvé la vie de sa fille... et Catherine était restée insensible...

Je subis une perte d'argent, et Catherine oublie tout pour moi...

Enfin, j'aime mieux croire Catherine plus touchée des sacrifices matériels et presque indifférente au dévouement de l'âme..., que de penser qu'elle s'est effrontément donnée au futur confident du ministre des affaires étrangères...

Ces quatre mois passés au Bocage sont radieux... oh ! bien radieux *pour moi*... dont le bonheur est pur et sans honteux mélange.

Seulement, maintenant, des circonstances qui ne m'avaient pas frappé me frappent...

Au Bocage, Catherine me fait mille questions sur mes travaux auprès de M. de Serigny, interroge minutieusement les impressions ou les souvenirs qu'ils peuvent m'avoir laissés. Et, lorsque, lui avouant franchement toute leur nullité, je préfère lui parler d'amour, elle se dépite, elle me boude; elle me reproche ma discrétion ou ma légèreté...

Si je veux quitter la carrière stérile que j'ai embrassée par désœuvrement, Catherine emploie toutes les ressources de son esprit, toute son influence, tout son ascendant sur moi... pour me détourner de ce projet de retraite.

Il est vrai que ces questions, que ces instances, me furent toujours faites par elle au nom de l'intérêt profond qu'elle prenait à mon sort...

Je le crois... car il serait outrageux de reconnaître, dans sa crainte de me voir abandonner ma carrière, la crainte de perdre le fruit de sa faute si longuement préméditée...

Depuis son retour à Paris, quelle a été sa vie?... A-t-elle sacrifié à mes instances ses relations habituelles? Non, elle les a encore augmentées; son salon est devenu le centre de toutes les intrigues diplomatiques.

Nos longues journées de tendresse sont remplacées par des occupations, qui ne sont pas celles d'une femme absolument dominée par l'amour...

Si je lui reproche avec douleur ce triste changement, elle me répond qu'elle doit obéir à la volonté expresse de son mari... volonté qui lui est devenue d'autant plus sacrée que sa faute a été plus condamnable...

Je la crois, cette fois, sans réticence aucune... je la crois très-désireuse de complaire au prince...

Mais..... moi aussi j'ai quelques droits sur elle...

J'ai sauvé la vie de sa fille...

Qu'a-t-elle fait pour moi?

Elle s'est donnée... Oui, elle s'est donnée...

Ou ce sacrifice de son honneur, de ses devoirs, a été à la fois enivrant et terrible... ou il n'a été qu'un infâme, qu'un odieux calcul!...

Si cette preuve d'amour a été pour elle ce qu'elle est toujours pour une femme vertueuse et passionnée, le plus redoutable des sacrifices... pourquoi m'a-t-elle si opiniâtrément refusé la concession de quelques intérêts qui devaient lui sembler nuls en comparaison de la faute irréparable qu'elle avait commise?

Ces intérêts lui sont donc plus chers que son amour? son amour leur est donc subordonné?

Il n'est donc que leur moyen, que leur prétexte?

Allons, soit, j'ai été le jouet d'une intrigante, mais elle était belle, et je ne suis dupe qu'à moitié.

. . . .

Tel fut le thème monstrueux que je développai avec une infernale puissance de paradoxes...

J'étais si insensé que je crus fermement avoir lutté contre ces doutes affreux ; et j'arrivai à la conviction de ces horreurs avec l'espèce de satisfaction amère de l'homme qui découvre l'indigne piége où il est tombé.

Je frappais en bourreau et je gémissais en victime...

Le souvenir d'Hélène, de Marguerite, de Falmouth... rien ne put me rappeler à la raison...

De l'affirmation de tant d'ignominies à la haine, au mépris qu'elles devaient inspirer il n'y avait qu'un pas... ma monomanie farouche le franchit bientôt.

A ce point de vue, tout ce qu'il y avait eu de noble et de généreux dans ma conduite me parut du plus honteux ridicule...

J'étais sous le poids de ces impressions lorsqu'on m'apporta cette lettre de Catherine :

*C'est une pauvre suppliante bien triste, bien malheureuse, qui vient vous demander d'être indulgent et bon pour elle ; elle veut se faire pardonner tout ce qu'elle a souffert aujourd'hui ; elle espère être seule ce soir ; elle vous attendra... venez... elle est d'ailleurs bien décidée à ne plus vous donner l'*Europe pour rivale...

Dans ma disposition d'esprit, cette lettre à la fois tendre et suppliante, cette innocente allusion à mes reproches, me sembla si humblement insolente, si froidement injurieuse, que je fus sur le point d'écrire à madame de Fersen que je ne la reverrais jamais.

Mais je changeai d'idée.

Je lui écrivis que je me rendrais chez elle le soir.

J'attendis cette heure avec une affreuse anxiété.

J'avais mon projet...

A dix heures j'allai chez madame de Fersen, je croyais la trouver seule...

Mille pensées confuses se heurtaient dans ma tête. La colère, la haine, l'amour, un remords anticipé du mal que j'allais faire, un vague instinct de l'injustice de mes soupçons, tout me mettait dans un état de fièvre et d'exaspération dont je ne pouvais prévoir les suites.

Contre mon espoir, Catherine avait plusieurs personnes chez elle.

Cette nouvelle preuve de ce que j'appelais sa duplicité me révolta; un moment je fus sur le point de retourner chez moi et de renoncer ainsi à mes desseins; mais une force irrésistible me poussa et j'entrai...

La vue du monde et l'empire que j'ai toujours eu sur moi, changèrent aussitôt la colère violente qui me transportait en une ironie polie, froide et acérée...

Cette scène m'est encore présente... Catherine, assise près de la cheminée, causait avec un homme de ses amis.

Sans doute mon premier regard fut bien terrible, car madame de Fersen, interdite..... pâlit tout à coup.

La conversation continua; j'y pris part avec le plus grand calme, j'y montrai même quelque supériorité. Je fus fort gai, assez brillant.

Pour les indifférents, il ne se passait là rien d'étrange; c'était une paisible soirée d'intime causerie, comme mille autres soirées; mais, entre Catherine et moi, il se passait une scène muette, mystérieuse et fatale.

Notre habitude de nous comprendre à demi-mots, de chercher et de deviner la valeur d'une inflexion de voix, d'un geste, d'un sourire, me servait cette fois à lui faire subir la réaction de mes odieuses pensées.

A mon entrée dans le salon, Catherine était restée stupéfaite...

Pourtant elle tâcha de se remettre et, pour me prouver sans doute qu'elle avait reçu du monde contre son gré, elle remercia fort gracieusement M. de *** d'avoir forcé sa porte pour venir lui apprendre le résultat du scrutin de la séance, qui s'était prolongée fort tard. « Sans cela, — ajouta Catherine, — j'aurais été privée du plaisir de voir plusieurs de nos amis, qui ont heureusement profité de la brèche que vous avez faite pour envahir ma solitude...

Un regard suppliant qu'elle me jeta accompagna ces paroles.

Tout en continuant de causer avec M. de ***, mon voisin, j'y répondis par un sourire si méprisant, que Catherine fut sur le point de se trahir.

Que dirai-je?... Toutes les tentatives qu'elle fit indirectement pour calmer ou pour pénétrer le sujet d'un ressentiment qu'elle supposait être profond, furent ainsi cruellement repoussées.

Elle connaissait trop bien toutes les nuances de ma physionomie, son cœur avait trop l'instinct du mien, elle était d'une nature trop sensitive pour ne pas deviner qu'il s'agissait cette fois non plus d'une bouderie d'amants, mais de quelque grand danger qui menaçait son amour.

Elle pressentait ce danger... elle en cherchait la cause avec désespoir, et elle était obligée de sourire et de suivre une conversation indifférente...

Cette torture dura une heure.

Pourtant sa force et son empire sur elle-même l'abandonnèrent peu à peu; deux ou trois fois ses distractions étranges avaient été remarquées; enfin ses traits s'altérèrent si visiblement, que M. de *** lui demanda si elle était souffrante...

A cette question elle se troubla, elle répondit qu'elle se trouvait bien, et sonna pour demander le thé.

Il était alors onze heures.

Elle saisit le prétexte du dérangement momentané que cause ce service pour s'approcher de moi et pour me dire :

« Voulez-vous voir un tableau qu'on me propose d'acheter? il est là dans le petit salon...

— Quelque pauvre connaisseur que je sois, — lui dis-je, — je vous offre, madame, sinon des conseils, du moins mon impression sincère. »

Je la suivis dans cette pièce.

Au risque d'être vue, elle me prit la main et me dit d'une voix presque éteinte : « Arthur, ayez pitié de moi! ce que je souffre est au-dessus de mes forces et de mon courage! »

A ce moment, M. de *** entra aussi pour voir le tableau.

Madame de Fersen avait si complétement perdu la tête, qu'il fallut que je retirasse brusquement ma main d'entre les siennes.

Je crois que M. de *** s'aperçut de ce mouvement, car il parut interdit.

« Ce tableau est fort bien, — dis-je à Catherine; — l'expression est ravissante. Jamais l'art ne s'est plus rapproché de la nature... »

Madame de Fersen était si faible qu'elle s'appuyait sur un fauteuil.

M. de *** admirait complaisamment le tableau. On vint prévenir la duchesse que le thé était servi.

Nous rentrâmes dans le salon : elle se soutenait à peine.

Selon son usage, elle s'occupait à faire le thé, debout, près de la table; elle m'en offrait une tasse, en me regardant d'un air presque égaré, lorsque des claquements de fouet et des grelots se firent entendre dans la cour...

Frappée d'un affreux pressentiment, Catherine laissa échapper la tasse de sa main, au moment où j'allais la prendre, en s'écriant d'une voix altérée : « Qu'est-ce que cela?...

— Mille pardons de ma maladresse, madame, et du bruit de ces misérables. Comme je pars ce soir, je m'étais permis de demander ici ma voiture de voyage, ne voulant pas perdre une minute du temps précieux qu'on peut passer auprès de vous... »

Catherine ne put résister à cette dernière secousse; elle s'oublia complétement, et s'écria d'une voix étouffée, et appuyant ses mains tremblantes sur mon bras : « Cela est impossible... vous ne partez pas... vous ne partirez pas!!... je ne veux pas que vous partiez!... »

Au mouvement de stupéfaction générale, et à l'expression confuse, embarrassée des spectateurs de cette scène, je vis que la réputation de madame de Fersen, jusque-là si respectée, était à jamais perdue...

Je fus inflexible.

Dégageant doucement mon bras de ses mains, je lui dis :

« Je suis si heureux et si fier, madame, du regret que semble vous causer mon départ, que déjà je songerais à mon retour, s'il ne m'était pas malheureusement impossible de le prévoir... — Puis j'ajoutai en la saluant : — Voici, madame, les renseignements que vous m'avez demandés... »

C'était un double de l'odieux commentaire que j'avais écrit sur son amour.

Catherine ne m'entendait plus, elle retomba anéantie dans son fauteuil, tenant machinalement la lettre en ses mains.

Je sortis.

. . . .
. . . .

Le lendemain soir j'étais ici... à Cerval.

Il y a trois mois que j'ai appris qu'Irène était morte... morte de chagrin, sans doute, de ne plus me voir...

Madame de Fersen est retournée en Russie avec son mari...

J'ai aussi appris, pour mettre le comble à mes remords et à mon désespoir, que le prince de Fersen avait été sur le point d'obtenir l'ambassade de Russie en France, mais qu'il y avait tout à coup renoncé.

Ainsi s'expliquait la persistance de Catherine dans ses relations diplomatiques...

Elle voulait aider son mari à obtenir un poste éminent, afin de rester en France et de ne pas me quitter.

. . . .

Depuis le lendemain de cette effroyable soirée j'habite Cerval, ce vieux et triste château paternel...

Lorsque j'ai appris la mort d'Irène... j'ai failli devenir fou.

Je me hais comme son meurtrier...

La vie que je mène ici est solitaire et désolée.

Depuis six mois je n'ai vu personne... personne...

Chaque jour je vais méditer longtemps devant le portrait de mon père...

Je m'étais imposé d'écrire ce journal.

Ma tâche est remplie...

J'ai bien fait souffrir quelques innocentes créatures... mais aussi j'ai bien souffert! mais je souffre bien, mon Dieu!

Quel est mon avenir?

Devant moi la vie est sombre et noire, les remords du passé me poursuivent...

Quelle sera ma destinée!...

Périrai-je par le suicide... périrai-je par la mort violente qu'Irène m'a prédite?...

Quelles pensées!...

Et aujourd'hui même j'ai vingt-huit ans!...

Cerval, juillet 18...

MARIE BELMONT.

CHAPITRE LXII.

MARIE BELMONT.

Cerval, 20 janvier 18...

Qui m'eût dit, il y a six mois, que je reprendrais ce journal... ou plutôt que je sortirais de l'apathie de cœur et d'esprit dans laquelle j'étais plongé depuis ma rupture avec madame de Fersen, depuis la mort d'Irène?

Cela est cependant...

Et pourtant mon désespoir a été affreux!

Mais aujourd'hui, quoique je souffre encore en évoquant ces pensées, une lointaine espérance... des émotions nouvelles affaiblissent ces ressentiments.

Je souris avec tristesse en lisant dans mon journal que je viens de parcourir ces mots si souvent répétés :

... Jamais chagrin ne fut plus vif...

... Jamais bonheur ne fut plus grand...

... Jamais je n'oublierai...

Et pourtant de nouvelles joies ont fait évanouir ces chagrins... de nouveaux chagrins ont fait pâlir ces joies...

Et pourtant chaque jour l'oubli, cette vague sombre et froide, monte, monte... et engloutit dans le noir abîme du passé les souvenirs décolorés par le temps.

Ma mère !... mon père !... Hélène !... Marguerite !... Catherine !... vous à qui j'ai dû tant de peines et tant de félicités ! L'espace ou la tombe nous séparent ; à peine ai-je maintenant une pensée pour vous !...

Et sans doute il en sera de même, hélas ! des sentiments, des impressions qui à cette heure occupent mon esprit.

Et pourtant, à cette heure, je ne puis m'empêcher de croire à leur longue durée.

Ah ! mon père.... mon père !.... vous me disiez une bien terrible, une bien menaçante vérité, en m'affirmant que *l'oubli était la seule réalité de la vie !*

. . . .

Je vais donc rouvrir ce journal que je croyais à tout jamais fermé....

Je croyais aussi mon cœur à tout jamais fermé aux impressions tendres et heureuses.

Puisque j'éprouve encore... écrivons encore...

Il y a environ trois mois qu'un matin je suis sorti par une triste journée d'automne ; il tombait un brouillard épais et froid. Je pris par la ceinture de la forêt, et je m'en allai rêveur, suivi d'un vieux poney noir, le vénérable Blak, qu'autrefois ma cousine Hélène avait souvent monté.

En me promenant la tête machinalement baissée, je revis fraîchement la voie d'un grand sanglier.

Voulant chercher quelque distraction dans les exercices violents, j'avais fait venir de Londres une trentaine de *fox-hounds*[1], et j'avais monté un assez bon équipage, à la grande joie du vieux Lefort, un ancien piqueur de mon père, que j'avais conservé comme garde général.

En suivant par curiosité la voie du sanglier dont on n'avait pas encore eu connaissance dans la forêt, je quittai la ceinture du bois, je m'enfonçai dans les enceintes, et, après environ trois lieues de marche, j'arrivai à une petite métairie, appelée la ferme des Prés,

---

[1] Chiens de renard.

située sur la lisière de prairies immenses où je perdis les traces du sanglier.

Cette ferme venait d'être récemment affermée à une veuve appelée madame Kerouët. Mon régisseur m'avait dit beaucoup de bien de l'activité de cette femme, qui arrivait des environs de Nantes, la mort de son mari lui ayant fait quitter l'exploitation qu'elle dirigeait avec lui en Bretagne.

Je voulus profiter de l'occasion, qui me conduisait près de la métairie, pour voir ma nouvelle fermière.

La ferme des Prés était dans une situation très-pittoresque. Son bâtiment principal, entouré d'une vaste cour, s'adossait aux confins de la forêt. Cette habitation, jadis consacrée aux rendez-vous de chasse, était bâtie en manière de petit château, flanquée de deux tourelles. Une porte cintrée, surmontée d'un écusson de pierre sculptée, conduisait au rez-de-chaussée.

Le temps avait donné une couleur grise à ces vieilles murailles bâties avec une antique solidité. Les tuiles de la toiture étaient couvertes de mousse, et des nuées de pigeons fourmillaient sur le cône pointu d'une des tourelles changée en colombier.

Contre l'habitude peu soigneuse de nos fermiers, la cour de cette métairie était d'une extrême propreté : les charrues, les herses, les rouleaux, peints fraîchement d'une belle couleur vert-olive, étaient symétriquement rangés sous un vaste hangar, ainsi que les harnais des chevaux de trait, ou les jougs des bœufs de labour.

Un treillage épais, coupant la cour dans toute sa longueur, la séparait en deux parties, dont l'une était abandonnée aux volatiles de toute espèce, tandis que l'autre, bien sablée d'un sable jaune comme de l'ocre, conduisait à la porte cintrée du petit manoir, de chaque côté de laquelle s'élevait un modeste massif de roses trémières et de soleils.

J'examinais avec plaisir l'intérieur de cette ferme, lorsque j'entendis, avec une incroyable surprise, les harmonieux préludes d'une voix douce et perlée.

Ces sons paraissaient sortir d'une petite fenêtre haute et étroite, située vers le milieu d'une des tourelles et extérieurement garnie d'un épais rideau de volubilis et de capucines.

Au prélude succéda un silence, et bientôt la voix chanta la romance du Saule de l'*Otello* de Rossini.

Cette voix, d'une remarquable étendue, révélait une excellente méthode. Son expression était pleine de charme et de mélancolie.

Ma surprise fut extrême ; le chant avait cessé, et pourtant j'écoutais encore, lorsque je vis paraître sur le seuil de la petite porte cintrée une femme de cinquante ans environ, vêtue d'une robe noire et d'un bavolet blanc comme la neige.

Lorsque cette femme m'aperçut, elle me regarda d'un air à la fois inquiet et interrogatif.

Elle était de taille moyenne, robuste, brune et hâlée ; sa physionomie avait une expression de franchise et de douceur remarquable.

« Qu'y a-t-il pour votre service, monsieur ? — me demanda-t-elle avec une demi-révérence qu'elle crut devoir à mon pauvre vieux poney, et à mon costume de *gentleman-farmer*[1], comme disent les Anglais.

— Il commence à pleuvoir, madame ; voulez-vous me permettre de rester ici un moment à l'abri, et me dire si je suis bien loin du village de Blémur ? »

Cette interrogation n'était qu'un prétexte

[1] Gentilhomme fermier.

pour gagner du temps et tâcher d'apercevoir la Desdemona.

« Le village de Blémur, sainte Vierge ! mais vous n'y arriverez pas avant la nuit noire, monsieur, quoique vous ayez là un fameux petit cheval, — dit la fermière en regardant Blak d'un œil de connaisseuse.

— Ne faut-il pas suivre la route royale de la forêt pour aller à Blémur ?

— Tout droit, monsieur ; d'un bout elle va à Blémur, de l'autre au château de Cerval, et elle a trois bonnes lieues de longueur, à ce qu'on dit du moins, car je ne suis pas très-ancienne dans le pays.

— Vous me permettez donc, madame, de rester sous ce hangar jusqu'à ce que l'averse soit passée ?

— Mieux que cela, monsieur ; entrez chez nous, vous y serez mieux.

— J'accepte, madame, quoiqu'à voir ce hangar si parfaitement bien arrangé, on puisse se croire dans un salon. »

Ce compliment sembla fort du goût de madame Kerouët, qui me dit en se rengorgeant :

« Ah dame ! monsieur, c'est que dans notre Bretagne, voilà comme sont toujours tenues les métairies. »

Tout en causant avec la fermière, je n'avais pas perdu de vue la petite fenêtre de la tourelle ; plusieurs fois même je crus voir une main blanche écarter discrètement quelques brins du rideau de verdure qui voilait la croisée.

Madame de Kerouët me précéda dans la ferme. J'attachai Blak, et je suivis la bonne dame dans l'intérieur de la maison.

A gauche de la porte était une vaste cuisine ornée de tous ses accessoires de cuivre et d'étain, que deux robustes paysannes étaient occupées à fourbir, et qui brillaient comme de l'or et comme de l'argent.

A droite on entrait dans une grande chambre à deux lits à colonnes torses, garnis de leurs draperies de serge verte festonnée de rouge ; ces deux lits étaient séparés par une haute cheminée où flambait un bon feu de pommes de pin, et sur laquelle on voyait, pour tout ornement, une petite glace dans sa vieille bordure de laque rouge, et deux groupes de figures en cire sous verre : un saint Jean avec son mouton, et une sainte Geneviève, je crois, avec sa biche.

Entre deux croisées à petits carreaux était accrochée au mur une antique pendule dite *coucou* ; de sa boîte grise peinte de fleurs roses et bleues pendaient deux plombs attachés à des cordes de grandeur inégale. Enfin, un rouet, un grand fauteuil de tapisserie réservé sans doute à la fermière, une chaise pour la Desdémona, deux escabeaux pour les paysannes, un dressoir chargé de faïence et une table ronde de bois de noyer, bien cirée, complétaient l'ameublement de cette pièce, qui servait à la fois de salon, de salle à manger et de chambre à coucher.

Depuis le plancher jusqu'aux carreaux des fenêtres, tout étincelait de propreté. Aux solives brunes et apparentes étaient suspendues de longues guirlandes de raisins conservés pour l'hiver, et les murs, blanchis à la chaux, étaient ornés de quelques cadres de bois noir, renfermant une suite de gravures coloriées empruntées à l'histoire de l'Enfant Prodigue.

La fermière recevait mes compliments sur la tenue de sa maison avec un certain orgueil, lorsque la porte s'ouvrit, et la jeune fille ou la jeune femme qui chantait si bien parut...

Lorsqu'elle me vit, elle rougit beaucoup, et fit un mouvement pour se retirer.

« Mais reste donc, Marie, » lui dit madame Kerouët avec affection.

Je ne pus voir cette figure d'une beauté enchanteresse sans me rappeler le divin caractère des vierges de Raphaël [1].

Mon admiration fut si significative, mon étonnement de rencontrer tant de perfections au fond d'une ferme fut si grand, et je cachai sans doute si peu ces impressions, que *Marie* parut très-interdite.

— C'est ma nièce, monsieur, — me dit la fermière, qui ne s'aperçut ni de ma surprise ni du trouble de Desdemona. — C'est la fille de mon pauvre frère, tué à Waterloo, lieutenant de la vieille garde... Nous avons pu, grâce à la protection de monseigneur l'évêque de Nantes, faire entrer Marie à Saint-Denis, où elle a été élevée comme une demoiselle; elle est restée là jusqu'à l'époque de son mariage, qui a eu lieu à Nantes, il y a bientôt un an, — dit madame Kerouët avec un soupir. Puis elle reprit : — Mais asseyez-vous donc, monsieur; et toi, Marie, va donc chercher une bouteille de vin et un morceau de galette chaude.

— Mille grâces, madame, — lui dis-je, — je ne prendrai rien... Une fois la pluie passée, je me remettrai en route. »

---

[1] Voir le premier volume d'*Arthur*, le *Cottage*.

Sans doute embarrassée de sa contenance, Marie prit le rouet de sa tante.

« Vous allez peut-être au château de Cerval? — me dit la fermière.

— Non, madame; je vous ai dit que j'allais à Blémur.

— Ah! oui, à Blémur... pardon, monsieur... cela vaut mieux pour vous...

— Comment, madame? le maître du château de Cerval est-il donc inhospitalier?

— Je ne sais pas, monsieur; mais on dit qu'il n'a pas plus envie de voir des figures humaines, que les figures humaines n'ont envie de le voir, — reprit madame Kerouët.

— Et pourquoi cela? il vit donc bien solitaire?

— Hum, hum! — fit la fermière en secouant la tête, — j'arrive dans le pays, et je ne puis pas savoir si les vilaines histoires qu'on débite sur lui sont vraies; et puis d'ailleurs, monsieur, le comte est notre maître, et un bon maître, dit-on; aussi je ne dois pas parler de ce qui ne me regarde pas. Mais, Marie, tu me mêles encore tout mon lin. — s'écria-t-elle en s'adressant à la jeune femme. — Tu ne sauras jamais te servir d'un rouet : donne-moi ma quenouille.

— Et vous, madame, — demandai-je à Marie, — avez-vous des renseignements plus certains que ceux de madame votre tante sur ce redoutable habitant de Cerval?

— Non, monsieur; j'ai seulement entendu dire que M. le comte vivait très-retiré; et comme j'aime aussi beaucoup la solitude, je comprends parfaitement ce goût-là chez les autres.

— Vous avez tant de moyens de charmer votre retraite, madame, que je conçois sans peine qu'elle vous paraisse agréable : d'abord, vous êtes excellente musicienne... je puis le dire, car j'ai été assez heureux pour vous entendre.

— Et elle dessine, et elle peint aussi, — ajouta madame Kerouët avec fierté.

— Alors, madame, — dis-je à Marie, — j'ose vous prier, au nom d'une occupation qui nous est chère et commune, de m'appuyer auprès de madame votre tante pour qu'elle m'accorde la permission de prendre quelques vues de cette ferme dont je trouve la position charmante.

— Vous n'avez pas besoin de la protection de Marie pour cela, — dit madame Kerouët;

— vous pouvez faire tous les dessins que vous voudrez, ça ne peut nuire à personne. »

Je remerciai la fermière; et, ne voulant pas trop prolonger cette première visite, je remontai à cheval et je partis.

Par bizarrerie je voulus conserver l'incognito, d'ailleurs très-facile à garder pendant quelque temps; car la ferme des Prés était fort éloignée de Cerval, et les habitants ou les laboureurs de cette métairie n'y venaient que fort rarement.

Le lendemain de ma première entrevue avec Marie, je me munis d'un complet attirail de peinture, car depuis mon retour à Cerval j'avais aussi cherché quelques distractions dans les arts, et monté sur le bon vieux Blak, je me rendis à la ferme des Prés.

Grâces à mes fréquentes visites, la confiance s'établit peu à peu entre Marie, sa tante et moi.

Comme je ne voyais jamais M. Belmont, que je supposais en voyage, je m'abstins de toute question à son sujet. Je dessinai la ferme sous tous ses aspects, et j'en offris deux ou trois vues à madame Kerouët qui en fut enchantée. Souvent Marie peignait avec moi : son talent était fort remarquable.

Contre l'habitude des jeunes filles, Marie avait pris très au sérieux l'excellente éducation qu'on donne ordinairement dans les établissements tels que celui de Saint-Denis. Avide de savoir, elle n'avait négligé aucun des enseignements, aucun des arts utiles ou agréables qu'on professait dans cette institution : aussi, cette heureuse nature ainsi cultivée s'était-elle admirablement développée.

A une instruction solide, étendue, variée, elle joignait une vocation très-heureuse pour les arts. Mais Marie semblait ignorer ce qu'il y avait de charmant dans le rare assemblage de ces dons si divers; elle n'en ressentait pas d'orgueil, mais une naïve satisfaction de pensionnaire, et me parlait quelquefois de ses succès passés en histoire, en peinture ou en musique, comme d'autres femmes de leurs triomphes de coquetterie.

Marie avait dix-huit ans, et l'heureuse et mobile imagination d'un enfant. Quand elle fut en confiance avec moi, je la trouvai simple, bonne et gaie, de cette gaieté naïve et douce qui naît de la sérénité de l'âme et des habitudes d'une vie calme, intelligente et noblement occupée. Plus j'étudiais ce caractère ingénu, plus je m'y attachais. Je n'éprouvais pas pour Marie un amour violent et agité ; mais lorsque j'étais près d'elle, je ressentais un bien-être si profond, si suave, que je regrettais peu les émotions tumultueuses de la passion.

Chose étrange, quoique Marie fût de la plus angélique beauté, quoique sa taille fût charmante, j'étais beaucoup plus occupé de son esprit, de sa candeur, des mille aspirations de sa jeune âme, que de la perfection de ses traits. Jamais je ne lui avais fait le moindre compliment sur sa figure, tandis que je ne lui cachais pas l'intérêt infini que m'inspiraient ses talents et son naturel exquis.

Quoiqu'elle fût mariée, il régnait en elle un charme mystérieux et virginal qui m'imposait tellement, que j'étais auprès d'elle d'une timidité singulière.

Madame Kérouët, tante de Marie, était une femme d'un rare bon sens, d'un esprit droit et d'un cœur parfait. Sa piété à la fois douce et fervente lui inspirait les œuvres les plus charitables ; jamais un pauvre ne sortait de la ferme sans un léger secours et sans quelques paroles encourageantes, plus précieuses encore peut-être que l'aumône. Peu à peu je découvrais dans cette femme excellente des trésors de sensibilité et de vertu pratique. Sa conversation m'intéressait toujours, parce qu'elle m'instruisait de mille faits curieux relatifs à l'agriculture. Quelquefois son esprit juste s'élevait très-haut par le seul ascendant d'une foi profonde; et, je l'avoue, je me demandais en vain le secret d'une religion qui jetait parfois de si vives clartés sur une intelligence naïve et simple.

Je venais assidûment à la ferme depuis deux mois lorsqu'un jour madame Kerouët me dit : « Vous devez vous étonner, n'est-ce pas, de voir Marie presque veuve?... Comme vous êtes notre ami, je vais vous raconter cette triste histoire. Figurez-vous, monsieur, que mon mari et moi nous tenions à bail une ferme à Thouars, près de Nantes. Cette ferme appartenait à M. Duvallon, très-riche armateur de la ville, qui avait commencé sa fortune en faisant la course comme corsaire pendant la guerre avec les Anglais. Quoiqu'il fût bourru, M. Duvallon était bon; il aimait beaucoup mon mari. Un jour, Kerouët lui parla de notre nièce qui allait bientôt sortir de Saint-Denis. Avec sa belle éducation, cette chère enfant ne pouvait épouser un paysan, et nous n'étions pas assez riches pour la marier à un monsieur. Voyant notre embarras, M. Duvallon dit à Kerouët : « Si votre nièce est raisonnable, moi je me charge de l'établir. —

Avec qui? — demanda mon mari. — Avec un vieux camarade à moi, un capitaine au long cours, qui veut se retirer du commerce et vivre désormais en bourgeois. Il vient d'arriver ici. Il est riche. Ce n'est pas un muscadin, mais il est pur comme l'or, franc comme l'osier, et il fera, j'en suis sûr, le bonheur de votre nièce. » Kerouët revint me dire cela, c'était un vrai bonheur pour nous, et surtout pour Marie, la pauvre orpheline. C'était au mois d'octobre de l'année passée. Marie, ayant dix-huit ans, ne pouvait plus rester à Saint-Denis. Nous la faisons donc venir à la ferme, et nous convenons d'un jour pour que M. Duvallon nous amenât M. Belmont, son ami, qui voulait voir notre nièce avant de rien conclure, bien entendu. Ce jour-là, c'était un dimanche. Notre ferme était bien proprette, Kerouët, Marie et moi bien attifés, lorsque M. Duvallon arrive en cabriolet avec son ami. — Que voulez-vous, monsieur? Sans doute, son ami n'était pas, comme on dit, un joli garçon, mais il avait la croix d'honneur, la figure d'un brave homme, et il semblait encore très-vert pour son âge, qui pouvait être de quarante-cinq à cinquante ans. Ce monsieur fut très-aimable pour nous. De temps à autre je regardais Marie; elle n'avait pas l'air de s'affoler beaucoup de M. Belmont, mais je savais qu'elle était raisonnable ; et puis, monsieur, avec son éducation, je pensais qu'il lui fallait, avant tout, une certaine aisance, et que nous devions sacrifier bien des choses à cela. C'était un malheur, sans doute, mais il n'y avait pas à balancer. Ces messieurs partis, nous disions franchement à Marie tout ce qui en est. Dame ! monsieur, il y a bien eu des larmes de versées, et par elle et par moi, et par mon pauvre Kerouët ; car notre chère enfant était bien jeune, et M. Belmont bien vieux pour elle... mais au moins le sort de Marie était assuré, et nous pouvions mourir tranquilles. Elle comprit cela, se résigna, et le lendemain, quand M. Duvallon revint, notre parole fut donnée. Pendant une quinzaine, M. Belmont vint nous voir tous les jours. Quoiqu'on dise les marins rudes et bourrus, lui était très-doux, très-bon, très-complaisant, et Marie finit par le voir sans répugnance et par être touchée des preuves de tendresse qu'il lui donnait. Et puis nous ne devions pas nous quitter, il devait acheter un petit bien de campagne près Thouars, et ainsi nous verrions tous les jours Marie. Enfin, elle s'habitua si bien à M. Belmont, qu'elle consentit à faire son portrait. Elle l'a en haut, dans son cabinet de la tourelle, où elle ne veut permettre à personne d'entrer... Il est d'une ressemblance extraordinaire. A la fin de décembre, M. Belmont nous dit qu'il allait aller à Paris pour acheter la corbeille, le mariage devant avoir lieu à Nantes dans le courant de janvier. Après une quinzaine de jours, M. Belmont revint de Paris avec des choses superbes pour Marie.

»Depuis le triste événement qui nous a séparés, je me suis rappelé qu'à son retour de Paris M. Belmont me parut souvent soucieux; mais il se montra toujours bon et aimable pour nous; seulement, au lieu d'attendre le commencement de février, époque fixée d'abord pour le mariage, il insista pour que son mariage avec Marie fût avancé. Nous consentîmes à ce qu'il demandait, et le mariage eut lieu le 17 janvier... un vendredi. On signa le contrat le matin. M. Belmont reconnaissait six mille livres de rente à ma nièce. Pour des gens comme nous, c'était bien beau, n'est-ce pas, monsieur? Après le contrat, nous allons à la mairie, puis à l'église, et nous revenons dîner à la maison de campagne de M. Duvallon, témoin de M. Belmont. Nous nous mettons à table; au moment du dessert, voilà M. Belmont qui commence à chanter des couplets qu'il avait justement composés sur son mariage, le pauvre cher homme, lorsque tout à coup arrive de Nantes un domestique de M. Duvallon. Il remet une lettre à son maître. M. Duvallon pâlit, se lève de table, et s'écrie : « Belmont, écoute !... » Je me rappelle que ce cher M. Belmont chantait à ce moment-là un couplet qui commençait par : — *L'hyménée secoue son flambeau.* M. Belmont se lève, mais à peine a-t-il lu la lettre que lui montre M. Duvallon, qu'il fait une figure... ah ! monsieur, une figure si terrible... que je suis encore à comprendre comment un homme qui avait l'air si bon ordinairement, pouvait avoir parfois une physionomie si farouche. Puis se remettant, il s'approche de Marie, l'embrasse, et lui dit : « Ne t'inquiète pas de moi, ma petite femme, tu auras bientôt de mes nouvelles ; » puis il disparaît avec M. Duvallon, qui nous dit en s'en allant : « Belmont est compromis dans une affaire politique comme... *carbonaro*... oui, c'est bien cela, *carbonaro*, — ajouta madame Kerouët en rappelant ses souvenirs. — Il faut qu'il s'échappe... sa vie en dépend. Si on vient pour l'arrêter, tâchez de retenir le commissaire le plus longtemps possible.

» Il y avait à peine un quart d'heure qu'ils

étaient partis tous deux, qu'un officier de gendarmerie arrive ici en voiture avec un commissaire de police, comme l'avait prévu M. Duvallon. On demande où est M. Belmont, capitaine au long cours. — Vous pensez bien que nous ne disons mot. On cherche, on cherche, on ne trouve rien, et ça dure au moins deux heures. — Le commissaire allait s'en aller, lorsque quelqu'un de la noce ayant parlé par hasard du trois-mâts *la Belle Alexandrine*, qui avait dû partir de Nantes dans la journée, le brigadier de gendarmerie s'écria : — Et la marée est pour trois heures ! Il en est cinq ! Avant que nous soyons de retour à Nantes, il en sera sept... Si notre homme a profité de ce bâtiment, à sept heures du soir il sera hors de la rivière et à l'abri de nos recherches !... » — Et là-dessus, ils remontent en voiture avec le commissaire, et retournent à Nantes bride abattue; mais ils arrivèrent trop tard. Ce cher Belmont avait heureusement pu s'embarquer sur *la Belle Alexandrine,* qui partait pour la Havane. C'est M. Duvallon qui est venu le lendemain nous donner ces détails. Hélas! monsieur, un malheur n'arrive jamais seul. Deux mois après cet événement, mon pauvre Kérouët est mort d'une fluxion de poitrine;

M. Duvallon a vendu sa ferme de Thouars, et je me serais trouvée sans ressources si le régisseur du château de Cerval, qui connaissait Kerouët, et qui savait que j'étais en état de bien tenir une métairie, ne m'avait proposé cette petite ferme, où je me plais assez, quoique je regrette, hélas! tous les jours mon pauvre Kerouët, et que je sois bien inquiète du sort de M. Belmont, qui ne nous a écrit qu'une fois par un vaisseau nantais que *la Belle Alexandrine* a rencontré en pleine mer. Dans cette lettre M. Belmont nous dit de nous tranquilliser, et qu'un jour ou l'autre il reviendra nous surprendre... Quant à Marie, je ne peux pas dire, la chère enfant, qu'elle regrette beaucoup M. Belmont; elle ne le connaissait pas assez pour cela; mais, moi, monsieur, je le regrette pour elle; car, que demain je meure, que fera-t-elle? Ajoutez à cela qu'elle est si scrupuleuse, qu'il est impossible de la décider à toucher un sou des six mille francs que M. Belmont lui a reconnus, et que M. Duvallon nous envoie tous les trois mois. Nous reportons l'argent chez un notaire de Nantes, où il restera jusqu'à l'arrivée de M. Belmont, qui reviendra maintenant, Dieu sait quand. »

Tel fut à peu près le récit de madame Kerouët. En effet, à l'époque du départ de M. Belmont on avait découvert plusieurs conspirations libérales, à ce moment les sociétés secrètes s'organisaient d'une manière formidable; il était donc probable que M. Belmont avait été gravement compromis dans quelque complot contre l'État.

Depuis cette confidence de sa tante, Marie me parut plus charmante encore...

Je continuai d'aller chaque jour à la ferme; quelquefois même, lorsque la neige tombait, ou que le froid était trop vif, la bonne madame Kerouët m'invitait instamment à passer la nuit à la métairie, et se fâchait très-sérieusement lorsque je parlais de me mettre en route par la nuit et par les mauvais chemins de la forêt pour regagner Blémur, où j'étais censé demeurer.

Si je me décidais à rester, Marie ne cachait pas sa joie naïve : c'était alors presque fête à la ferme. Madame de Kerouët s'occupait des préparatifs et des détails du dîner, et Marie, qui partageait la chambre de sa tante, veillait avec une grâce attentive et charmante à ce que rien ne manquât dans la petite pièce qui m'était destinée dans une des tourelles.

Cette hospitalité si bonne, si prévenante, me

touchait profondément ; et puis ce qui me prouvait la pureté des sentiments de ces deux femmes et leur généreuse confiance en moi, c'est que jamais il ne leur était venu à l'esprit que la fréquence de mes visites pourrait *les compromettre*. Ma venue leur plaisait ; j'animais, j'égayais leur solitude ; et si je les remerciais avec effusion de toutes leurs bontés pour moi, madame Kerouët me disait naïvement : — N'est-ce pas à nous, pauvres fermières, d'être reconnaissantes de ce que vous venez, vous, monsieur, un *artiste* (je passais pour un peintre), nous aider à passer nos longues soirées d'hiver, en faisant pour cela presque tous les jours trois lieues pour venir et trois lieues pour vous en aller... et encore par des temps affreux ? Tenez, monsieur Arthur, — ajoutait cette excellente femme, — je ne sais pas comme cela s'est fait, mais maintenant vous êtes comme de notre famille, et s'il fallait renoncer à vous voir, nous en serions bien malheureuses et bien tristes, n'est-ce pas, Marie ?

— Oh ! certainement, ma tante, — disait Marie avec une adorable candeur.

J'avais su que Marie manquait de livres : elle parlait à merveille italien et anglais ; je fis acheter à Paris une bibliothèque complète, en donnant ordre de l'envoyer d'abord à Nantes, et de Nantes de l'adresser à la ferme.

Ainsi que je l'espérais, l'envoi de ces livres fut attribué à un souvenir de M. Belmont, ou de son ami M. Duvallon. Par ce moyen, je parvins à entourer Marie et sa tante d'un certain bien-être intérieur qui leur manquait, et peu à peu, quelques meubles précieux, des tapis, arrivèrent à la ferme, et furent reçus avec joie, toujours comme une attention du proscrit ou de son ami.

Dans sa reconnaissance, Marie écrivit une charmante lettre de remerciments à M. Duvallon, qui répondit ne pas comprendre un mot à la gratitude de madame Belmont.

Craignant les éclaircissements, j'engageai madame Kerouët à ne plus parler de ces bienfaits, lui faisant entendre que sans doute M. Belmont avait des raisons sérieuses pour en dissimuler la source.

L'anniversaire de la naissance de Marie approchait. Ce jour-là elle devait seulement me permettre l'entrée de la petite chambre mystérieuse dont elle avait fait son cabinet de travail, ce qu'elle m'avait refusé jusqu'alors.

Sachant que cette pièce était absolument semblable à celle que j'habitais dans la tourelle opposée, quand je restais à la ferme, je pris les mesures nécessaires, et je fis venir de Paris, toujours par Nantes, ce qu'il fallait pour la meubler avec beaucoup d'élégance. Un des plus grands regrets de Marie était de n'avoir ni piano ni harpe. Je demandai aussi deux de ces instruments, qui devaient également arriver à la ferme pour l'anniversaire de la naissance de Marie.

Tous ces détails me causaient un plaisir infini.

Chaque jour, bien enveloppé, je partais de Cerval sur mon poney, bravant la pluie et la neige; j'arrivais à la ferme, où je trouvais *chez moi* un bon feu pétillant. Je m'habillais avec quelque recherche, malgré les éternelles moqueries de la digne fermière, qui me reprochait d'être trop *coquet*, puis je descendais dans la grande chambre.

Si le temps n'était pas trop mauvais, Marie prenait mon bras, et nous allions courageusement affronter la bise et le froid, gravir nos âpres montagnes, y cueillir des plantes pour l'herbier de Marie, ou parcourir la forêt en nous amusant à surprendre au milieu de ces solitudes la biche et son faon.

Pendant ces longues promenades, Marie

toujours vive, rieuse et folâtre, toujours pensionnaire, me traitait comme un frère. Dans sa chaste ignorance, elle me mettait souvent à de rudes épreuves : tantôt c'était sa collerette à rattacher, tantôt ses longs cheveux à renouer sous son chapeau, ou quelque lacet de son brodequin à repasser dans son œillet.

Aussi, dans ces excursions lointaines, en contemplant avec adoration la délicieuse figure de Marie, qui, sous sa chevelure couverte d'un givre brillant, ressemblait à une rose épanouie sous la neige, que de fois un aveu me vint aux lèvres !... Mais Marie, croisant ses deux bras sur le mien, s'appuyait sur moi avec tant de confiance, elle me regardait avec tant de candeur et tant de sérénité, que chaque jour je remettais cet aveu au lendemain.

Je craignais qu'un mot hasardé ou prématuré ne vînt détruire ce bonheur calme et pur.

J'attendais patiemment... Je ne m'abusais pas sur le sentiment que j'inspirais à Marie : sans prétention sotte, sans fatuité ridicule, je ne pouvais me refuser à l'évidence. Depuis plus de deux mois je la voyais presque chaque jour ; mes soins pour elle, si jeune, si naïve, si peu habituée aux séductions du monde, l'avaient sensiblement touchée ; mais j'avais aussi reconnu en elle des principes si arrêtés, des sentiments religieux si prononcés, un instinct de devoir si profond, que je devais m'attendre à une lutte longue et douloureuse peut-être, et pourtant mille riens très-significatifs me donnaient la mesure d'une affection que Marie ignorait peut-être encore elle-même.

Le soir, lorsque j'avais dîné à la ferme, madame Kerouët, assise au coin du feu dans son grand fauteuil de tapisserie, filait sa quenouille, tandis que Marie et moi, réunis à la même table, nous mettions en ordre les récoltes de nos herborisations d'hiver.

Lorsqu'il fallait fixer sur le papier les légers filaments des plantes, souvent nos mains s'effleuraient ; souvent lorsque, tous les deux courbés sur la table, nous semblions très-attentifs à nos importants travaux, mes cheveux touchaient les cheveux de Marie, ou bien son souffle jeune et frais venait caresser ma joue.

Alors Marie rougissait, son sein s'agitait rapidement, son regard devenait distrait, et quelquefois sa main s'affaissait sur le papier...

Puis, semblant sortir d'un rêve, elle me disait d'un ton de reproche affecté : « Mais voyez donc comme cette plante est mal placée...

— C'est votre faute, — répondais-je en riant : — vous ne voulez ni m'aider, ni tenir le papier.

— Du tout : c'est vous qui n'avez pas la moindre patience, et qui craignez toujours de vous mettre de la gomme aux doigts en collant les bandelettes.

— Ah ! les vilains disputeurs ! — disait madame Kerouët, — ils ne valent pas mieux l'un que l'autre ! »

D'autres fois, nous lisions tour à tour et à haute voix les romans de Walter Scott, auxquels madame Kerouët prenait un vif intérêt. La voix de Marie était suave et douce : un de mes plus grands bonheurs était de l'entendre lire.

Mais j'éprouvais un bonheur plus grand encore peut-être à la contempler. Aussi, lorsque je prenais le roman à mon tour, si je trouvais quelque allusion à mon amour, je lisais d'abord la phrase des yeux, puis je la disais tout haut de mémoire, en attachant sur Marie un regard passionné.

Quelquefois Marie baissait les yeux et prenait une physionomie sévère, d'autres fois elle rougissait, et, du bout de son joli doigt, elle me faisait impérieusement signe de regarder mon livre.

J'imaginai autre chose; j'ajoutai, en les improvisant, des passages entiers au livre que je lisais, afin d'y peindre plus clairement encore à Marie tout ce qu'elle m'inspirait, lorsque la situation que peignait le roman pouvait s'y prêter.

Ainsi, un soir, dans cette scène si chaste et si passionnée, où Ivanhoé déclare son amour à la belle Saxonne, je substituai à tout ce que disait le Croisé un long monologue dans lequel je fis les rapprochements les plus directs entre Marie et moi, en lui rappelant avec tendresse mille souvenirs de nos promenades et de nos entretiens.

Marie, émue... troublée, me regarda d'un air mécontent.

Je m'arrêtai...

« Je ne voulais pas vous interrompre, monsieur Arthur, — me dit madame Kerouët, — car je trouve que vous n'avez jamais mieux lu qu'aujourd'hui. »

Puis, posant sa quenouille, elle dit naïvement :

« Ah! j'avoue qu'il faudrait qu'une femme

fût de rocher pour ne pas avoir pitié d'un amoureux qui parle ainsi. Je ne m'y connais pas, mais il me semble qu'on ne pouvait pas dire autre chose que ce qu'Ivanhoé dit là... tant c'est vrai et naturel...

— Oh ! c'est très-beau, en effet, — dit Marie; — mais monsieur Arthur doit être fatigué : je vais lire à mon tour. »

Et prenant, presque malgré moi, le livre que j'avais sur les genoux, elle chercha le passage improvisé, et ne l'y trouva pas.

« Les pages que vous venez de nous lire sont si belles que je voudrais les relire, — me dit méchamment Marie.

— Tu as raison, Marie, — dit sa tante; — moi aussi, je les entendrais avec plaisir encore une fois.

— Ah ! mon Dieu, déjà dix heures ! — m'écriai-je pour sortir d'embarras. — Il faut que je parte...

— C'est vrai... déjà ! — dit madame Kerouët en regardant sa pendule.

Ordinairement, au moment de mon départ, Marie allait à la fenêtre pour voir quel temps il faisait : cette fois elle resta immobile.

Sa tante lui dit : « Mais vois donc s'il neige, mon enfant. »

Marie se leva et revint dire : « Il neige beaucoup.

— Il neige beaucoup... comme tu dis cela avec indifférence!... Pense donc que monsieur Arthur a trois lieues à faire en pleine nuit, en pleine forêt. »

Je cherchai le regard de Marie. Elle détourna la vue; je lui dis tristement : « Bon soir, madame...

— Bon soir, monsieur Arthur, » me répondit-elle sans jeter les yeux sur moi.

J'entendis le hennissement d'impatience de mon vieux Black, que m'amenait un garçon de ferme.

J'allais sortir de la chambre, lorsque Marie, profitant d'un moment où sa tante ne pouvait la voir, s'approcha de moi et, me prenant la main, me dit avec une émotion profonde :

« Je vous en veux beaucoup... vous ne savez pas tout le mal que vous me faites! »

Ces mots n'étaient pas un aveu... et pourtant, malgré la nuit, malgré la neige, je rentrai à Cerval la joie dans le cœur. . . . . . .
. . . .

De cette soirée data mon premier espoir.

Il y a huit jours de cela.

Demain est le jour anniversaire de la naissance de Marie; jour solennel où nous devons inaugurer le mystérieux cabinet de la tourelle.

CHAPITRE LXIII.

LE PORTRAIT.

Cerval, 10 décembre 18...

Je puis à peine croire ce que j'ai vu aujourd'hui...

Bizarre destinée que la mienne!

Ce matin, ainsi que nous en étions convenus, je me suis rendu à la ferme...

C'était l'anniversaire de la naissance de Marie; elle devait me permettre l'entrée du cabinet mystérieux qu'elle occupe dans une des tourelles. C'est là qu'elle a fait placer la harpe et le piano récemment arrivés de Nantes.

« Venez voir ma retraite, » me dit Marie après déjeuner.

Nous montons dans la tourelle avec madame Kerouët.

Nous entrons : que vois-je ?...

En face de moi... dans un large cadre doré... le portrait du pirate de Porquerolles ! du pilote de Malte !...

« Comment avez-vous ce portrait ?... Savez-vous quel est cet homme ? — m'écriai-je en m'adressant aux deux femmes qui me regardaient avec le plus grand étonnement.

— C'est moi qui ai peint ce portrait... et cet homme est M. Belmont, — me dit naïvement Marie.

— M. Belmont !!!

— Sans doute, c'est mon mari... Mais qu'avez-vous donc, monsieur Arthur ?... Pourquoi cette surprise, cette stupeur ?

— Avez-vous rencontré M. Belmont quelque part ? — me demanda madame Kerouët.

Je croyais rêver ou être la dupe d'une ressemblance extraordinaire.

— En effet, — dis-je à madame Kerouët, — j'ai déjà rencontré M. Belmont en voyage... ou plutôt quelqu'un qui lui ressemblait beaucoup... Car certaines circonstances ne me permettent pas de croire que la personne dont je veux parler soit effectivement le M. Belmont dont voici le portrait.

— Il y a un moyen bien simple pour savoir

si votre Belmont est le nôtre, c'est-à-dire celui du portrait... Comment a-t-il les dents, votre monsieur Belmont? — me dit la tante de Marie...

— Plus de doute.... c'était lui! — pensai-je.

— Il a les dents comme personne ne les a, — lui dis-je, très-aiguës et très-séparées...

— C'est cela même, — dit madame Kerouët en riant. — Aussi en plaisantant nous l'appelions l'*ogre*...

C'était bien lui!!!

Tout s'expliquait clairement.

Au bal du château, l'ambassadeur d'Angleterre m'avait averti qu'on était sur les traces du pirate et qu'on espérait l'atteindre; ce bal avait lieu vers le milieu de janvier, époque à laquelle Belmont était revenu à Nantes pour presser son union avec Marie.

Notre rencontre aux Variétés et la crainte d'être découvert avaient sans doute causé l'inquiétude que madame de Kerouët avait remarquée en lui depuis cette époque.

Aussi, sans l'avis qui le prévint de l'arrivée du commissaire et de l'officier de gendarmerie, ce misérable aurait été arrêté le jour même de son mariage. Enfin je comprenais parfaitement que M. Duvallon, témoin du pirate, l'eût montré aux yeux de Marie et de sa tante comme une victime politique, afin de leur cacher la véritable cause des poursuites qu'on exerçait contre lui.

Ce Duvallon savait-il le métier infâme de Belmont? ou avait-il aussi été abusé par lui?

Toutes ces pensées se heurtèrent confuses dans ma tête, et me préoccupèrent tellement que je quittai la ferme beaucoup plus tôt qu'à l'ordinaire, prétextant une migraine, et laissant Marie et sa tante inquiètes et chagrines de mon brusque départ.

Ce jour, qui devait être une sorte de petite fête pour nous, finit ainsi bien tristement.

Que dois-je faire?

J'aime Marie de toutes les forces de mon âme. Ce n'est plus un crime de l'enlever à Belmont, à ce brigand, à cet assassin; c'est une noble, c'est une généreuse action.

Marie a été indignement trompée. Sa famille a cru l'unir à un brave et honnête marin, et non pas à un homme infâme... Ce mariage est nul devant la raison et devant l'honneur; il doit être nul aussi devant les hommes! Aujourd'hui même j'apprendrai tout à ces malheureuses femmes...

Mais me croiront-elles ? quelles preuves leur donnerai-je de ce que j'avance ?

Et puis il y a dans cette dénonciation de ma part quelque chose de bas qui me répugne.

Après tout, Marie est légitimement la femme de Belmont, j'aime Marie... cet amour met presque cet homme à mon niveau.

Maintenant c'est une lutte ouverte entre lui et moi. J'ai déjà l'avantage puisqu'il est absent ; il n'est pas loyal d'augmenter encore mes chances par une délation.

Enfin, si Marie m'aime assez pour vaincre ses scrupules, pour oublier ses devoirs envers un homme qu'elle croit honnête et bon, ne serai-je pas plus orgueilleux de mon bonheur, que si elle croyait ne me sacrifier qu'un homme indigne d'elle, qu'un homme que la justice peut chaque jour réclamer comme sa proie ?

Décidément je ne dirai rien...

Mais si cet homme revient ?... Mon Dieu, quelle affreuse idée !.

Marie est sa femme, après tout, et c'est le hasard seul qui l'a préservée de la souillure de cet homme infâme.

Mes scrupules sont fous, sont stupides... Je ne sais pourquoi j'hésite à tout dire à Marie...

Mais à quoi bon ? Cette confidence préviendra-t-elle... empêchera-t-elle le retour de cet homme?

D'un moment à l'autre il peut arriver...

Que faire... que faire?...

Cerval, le 12 décembre 18...

Mon incognito est découvert, Marie sait qui je suis.

Hier je suis allé à la ferme.

J'étais toujours dans l'irrésolution sur ce que je devais dire relativement au pirate.

Nous causions avec Marie et sa tante, lorsque mon régisseur est entré.

Je suis devenu très-rouge, très-embarrassé ; le bourreau ne s'en est pas aperçu ; il m'a fait un respectueux et profond salut.

« Tiens, vous connaissez M. Arthur? — lui a demandé madame Kerouët.

— Si j'ai l'honneur de connaître monsieur le comte?... — a répété le régisseur avec étonnement.

— Monsieur le comte!! — s'écrièrent à la

fois madame Kerouët et Marie en se levant d'un air interdit.

Craignant que cet homme interprétât mal le motif qui m'avait engagé à cacher mon nom, je lui dis : — Vous êtes très-maladroit, mon cher monsieur Rivière. Je désirais avoir par moi-même quelques renseignements sur cette métairie, dont je pense augmenter le bail, et vous venez tout gâter... Veuillez, je vous prie, aller m'attendre à Cerval : j'ai à causer avec vous à ce sujet. — Le régisseur sortit.

— Vous nous avez trompées... monsieur le comte!... — me dit madame Kerouët avec beaucoup de dignité. — C'est mal à vous...

Marie ne dit pas un mot, et disparut sans me regarder.

— Et pourquoi cela est-il mal? — dis-je à cette excellente femme. — Si je m'étais nommé, je ne sais quels scrupules vous auraient peut-être empêchée de me témoigner cette franche et cordiale affection que vous m'avez toujours montrée... j'aurais été pour vous le maître de cette ferme et non pas votre ami...

— L'amitié n'est sûre, n'est possible, qu'entre pareils, monsieur le comte, — dit madame Kérouët d'un air froid.

— Mais en quoi nos positions sont-elles dépareillées à cette heure ? Si mon amitié vous a plu jusqu'ici... pourquoi changer nos relations ?... pourquoi oublier quatre ou cinq mois d'intimité charmante ?...

— Je ne les oublierai pas, monsieur le comte ; mais elles feront place à des sentiments plus convenables à la modeste position de Marie et de moi.

Une fille de ferme vint chercher madame Kerouët pour la prier de se rendre auprès de Marie.

Elle me salua respectueusement et sortit.

Je quittai la métairie dans un violent accès de colère contre mon régisseur...

Puis je réfléchis qu'après tout cet incognito ne pouvait toujours durer, et que cette découverte, en choquant d'abord Marie, ne pouvait en rien altérer son amour pour moi...

Cerval, 15 décembre 18...

J'ai revu Marie.

Pendant quelques jours je l'ai trouvée triste et affligée de ma dissimulation, qu'elle ne s'explique pas.

Elle m'a demandé pourquoi j'avais ainsi caché mon nom ; je lui ai répondu que sachant que des bruits, aussi faux que fâcheux, étaient parvenus jusqu'à elle, et me peignaient sous les couleurs les moins favorables, j'avais préféré garder l'incognito.

Elle m'a cru difficilement ; mais enfin je suis parvenu à chasser de son esprit ces impressions malheureuses.

Quoique madame Kerouët me boude encore quelquefois, nos relations, d'abord un peu refroidies, ont repris tout leur charme.

Cerval, 20 décembre 18...

Marie m'aime... elle m'aime!... je n'en puis plus douter... Que cette date vive à jamais dans mon cœur!...

. . . .

. . . .

———

Cerval, 30 décembre 1...

Quel événement!... Non, non, mille fois non; elle ne quittera pas ce pays... Maintenant j'ai le droit de veiller sur son avenir... jamais je ne l'abandonnerai...

Ce matin un valet de ferme est arrivé au château.

Il m'apportait un billet de Marie.

Elle me priait de venir à l'instant même.

Une heure après j'étais à la métairie.

Je trouvai Marie en larmes, ainsi que sa tante.

« Qu'avez-vous ?... — m'écriai-je.

— Dans cette lettre, — dit madame Kerouët, — M. Duvallon nous écrit qu'il arrive aujourd'hui pour chercher Marie... par ordre de M. Belmont.

— Et vous la laisserez partir?... — m'écriai-je. — Et vous consentirez à partir, Marie...

Marie, pâle comme une morte, passa les mains sur ses yeux, et s'écria : — Quel réveil... mon Dieu... quel réveil!... je suis perdue!!...

Je fis un signe expressif à Marie... Sa tante, toute préoccupée de ses regrets, ne l'avait pas entendue.

— Ah! mon Dieu! — disait madame Kerouët, — quitter mon enfant!... je n'en aurai jamais la force.

— Vous ne la quitterez pas, vous ne pouvez pas la quitter, bonne mère!... et surtout pour la remettre entre les mains d'un homme comme ce Duvallon.

— Hélas! monsieur, quelle objection pouvons-nous faire?... M. Duvallon n'est-il pas l'ami intime de M. Belmont ? n'a-t-il pas ses ordres ?

— C'est justement parce qu'il est l'ami intime de M. Belmont qu'il faut vous défier de cet homme. »

Marie et madame Kerouët me regardèrent avec étonnement... Je continuai : « Écoutez-moi... vous, madame Kerouët... vous, Marie... Laissez-moi recevoir M. Duvallon ; je me charge de lui parler et de lui faire entendre raison... Quand doit-il arriver ?

— S'il arrive, comme il l'annonce, par la diligence de Bourges, il sera ici aujourd'hui à trois heures, — me dit madame Kerouët.

— Ne promettez rien ; envoyez-le-moi... espérez et espérons... »

Et répondant à un signe muet de Marie, je sortis.

Tantôt, à cinq heures, j'ai entendu le bruit d'une carriole dans la cour du château. Je n'ai pu réprimer un mouvement de colère ; j'ai senti mes tempes battre violemment...

On a annoncé M. Duvallon.

J'ai vu entrer un homme robuste, de haute taille, paraissant avoir cinquante ans environ ; son teint était coloré, son air dur, son maintien vulgaire, mais assuré; sa mise celle d'un Français en voyage, c'est-à-dire sordide...

Je lui ai fait signe de s'asseoir : il s'est assis.

« Monsieur, — lui dis-je, — je vous demande pardon de vous avoir dérangé; mais je suis chargé par madame Kerouët, qui tient à bail une de mes métairies, et qui a quelque confiance en moi...

— Parbleu!! sa nièce aussi a confiance en vous... et beaucoup ! — s'écria cet homme en m'interrompant grossièrement.

— C'est vrai, monsieur, — dis-je en me contenant ; — car j'ai l'honneur d'être des amis de madame Belmont...

— Et moi des amis de M. Belmont! monsieur... et, comme tel, je suis chargé par lui de ramener sa femme à Nantes, où elle restera sous la surveillance de *mon épouse*, jusqu'au retour de mon ami Belmont, qui ne peut tarder beaucoup.

— Vous êtes l'ami intime de M. Belmont? — dis-je à M. Duvallon en le regardant fixement. — Savez-vous bien quel est cet homme?

— Cet homme... cet homme en vaut un autre, mordieu ! » s'écria Duvallon en se levant avec vivacité.

Je restai assis.

« Cet homme est un brigand, monsieur!... cet homme est un assassin... monsieur!... — et j'accentuai d'un regard impérieux et résolu chacune de ces inculpations.

— Si vous n'étiez pas chez vous!!... — me dit Duvallon en fermant ses poings.

— Je ne suis pas un enfant, monsieur, et vos menaces sont ridicules. Parlons net, et finissons: la preuve que votre ami est un assassin, c'est que j'ai été blessé par lui à bord d'un yacht qu'il a attaqué dans la Méditerranée : est-ce clair? La preuve que votre ami est un brigand, c'est que j'étais à bord du même yacht, lorsqu'il l'a fait lâchement naufrager sur les côtes de l'île de Malte : est-ce clair? Enfin, les preuves que ces accusations sont fondées, c'est que l'ambassadeur d'Angleterre en France, c'est que le ministre des affaires étrangères, instruits par moi de la présence de ce misérable à Paris, ont provoqué les mesures qui eussent amené son arrestation, si vous ne l'aviez dérobé à la justice le jour de son mariage... est-ce clair, monsieur? »

Duvallon me regardait d'un air stupéfait ; il se mordait les lèvres avec rage... Je continuai :

« Ni madame Belmont ni sa tante ne savent un mot de tout ceci, monsieur; mais je vous déclare que si vous insistez désormais pour enlever madame Belmont et sa tante, je leur apprendrai tout, et en même temps je leur donnerai le conseil à toutes deux de mettre cette discussion entre les mains de la justice...

— Mille tonnerres! — s'écria Duvallon en frappant du pied, — tout ça n'est pas vrai... j'emmènerai cette péronnelle sous votre nez, mort-Dieu!... ou vous verrez beau jeu.

— Si vous n'étiez pas l'ami intime de Belmont, vous payeriez cher votre démenti et votre menace... sortez d'ici, monsieur.

— Osez donc... osez donc me faire sortir... » — dit l'ancien corsaire en faisant un pas vers moi d'un air menaçant.

Mais, comparant sans doute son âge au mien et sa force à la mienne, il se contint, et me dit avec une fureur concentrée : « Vous voulez donc vous opposer à ce que j'emmène *votre maîtresse?* je conçois ça... mais moi, j'ai dit que je l'emmènerais et je l'emmènerai, mort-Dieu!... Est-ce que je ne sais pas tout ce qui se passe? est-ce que je ne sais pas les cadeaux que vous lui avez faits? est-ce que ça ne m'explique pas les lettres de remercîments de ces deux sottes, auxquelles je ne comprenais rien, et que je recevais à propos de toutes sortes de choses de luxe ?... Mais ça va finir, entendez-vous ? Belmont arrive, et, en attendant, j'emmène aujourd'hui la donzelle... de gré ou de force.

Ne voulant pas répondre à cet homme, je sonnai.

« Pierre, dis-je à un domestique, — vous allez faire seller deux chevaux, un pour moi et un pour Georges qui me suivra ; vous direz aussi à Lefort de monter tout de suite à cheval avec son fils, et d'aller m'attendre à la ferme des Prés. »

Le domestique sortit.

« Maintenant, monsieur, — dis-je à Duvallon, — réfléchissez bien à ce que vous allez faire... Si vous ne quittez à l'instant le pays, j'apprends tout à madame Belmont et à sa tante, et, par mon avis, elles se mettent sous la protection de la justice... De ce pas je vais à la ferme des Prés... je vous y attendrai, monsieur ; et je verrai si vous avez l'audace d'y venir. — Puis, sonnant de nouveau, je dis à un domestique :
— Reconduisez monsieur.

Sans attendre la réponse de Duvallon, je

sortis, et je montai aussitôt à cheval pour me rendre à la ferme.

Lefort et son fils m'y avaient déjà précédé.

Cerval, 31 décembre 18...

Hier Duvallon n'a pas osé venir à la ferme.

En lui apprenant qu'il repartait pour Nantes, il a écrit à Marie une lettre remplie des injures les plus grossières... il la menaçait du retour de Belmont.

Marie est plongée dans un morne désespoir.. Aujourd'hui je n'ai pu la voir...

Il ne me reste plus qu'un parti à prendre... il faut décider Marie à me suivre...

Quelle sera désormais sa vie ?

Si Belmont revient... lors même que je ne dénoncerais pas son retour, il sera tôt ou tard arrêté...

S'il parvient à se disculper, il est le maître de Marie : elle est sa femme ; elle est obligée de le suivre...

S'il est reconnu coupable, s'il est condamné,

quel horrible sort que celui de Marie !... et puis moi, je risque toujours de la perdre !... Sa vie est à moi, comme ma vie est à elle.

Si elle ne me suit pas... que faire ?...

Les crimes passés de cet homme ne peuvent entraîner la rupture de son mariage... ou s'ils l'entraînent, que de temps, que de tristes débats, que de dégoûts !

Il le faut, il le faut, Marie me suivra...

Qui pourra-t-elle regretter, la pauvre orpheline ?

Sa tante... pauvre et excellente femme...

Mais elle nous suivra peut-être... non... non... Si elle soupçonnait jamais la vérité !! si elle savait qu'un autre lien que celui de l'amitié m'unit pour toujours à Marie... si elle savait...

Non, non, il n'y faut pas songer... Mais Marie consentira-t-elle à l'abandonner ?

Pourtant il le faut.

Si Marie me suivait, quel avenir !... Retiré dans quelque solitude, je passerais ma vie près d'elle...

Quoique jeune, j'ai déjà tant vécu... j'ai déjà tant souffert... j'ai déjà tant éprouvé les hommes et les choses... que ce serait avec délices que je me reposerais pour toujours dans un amour solitaire et tranquille...

Et puis en elle il y a tant de ressources pour vivre dans l'isolement de tout et de tous!!! cœur, âme, esprit, talents, caractère angélique, candeur adorable... imagination de jeune fille, qu'un rien distrait, occupe ou amuse...

Il faut qu'elle me suive... elle me suivra.

CHAPITRE LXIV.

LE DÉPART.

Cerval, 10 mars 18...

Je rouvre ce journal interrompu depuis près de trois mois.

Je veux écrire une date, une dernière page ici à Cerval... dans ce pauvre vieux château paternel que je quitte peut-être pour jamais...

Rapprochement bizarre! Ici mon amour pour Hélène a commencé ma vie mondaine...

LE DÉPART.

Ici ma vie mondaine se terminera par mon amour pour Marie...

Désormais elle et moi nous devons vivre dans la plus entière solitude... Oh! sans doute, s'il se réalise, cet avenir sera bien enchanteur!...

Mais par combien de chagrins cruels il aura été acheté!...

Depuis trois mois que de larmes Marie a versées en secret; mais peu à peu mon influence a vaincu sa résistance.

Elle consent enfin à me suivre...

Et puis elle n'ose, elle ne peut rester ici... elle est mère...

Et puis mon fidèle Georges, que j'avais envoyé secrètement à Nantes épier Duvallon, m'écrit ce matin qu'un homme que je ne puis méconnaître, que Belmont est arrivé à la nuit chez l'ancien corsaire.

Je n'ai pas caché son retour à Marie... elle est décidée...

Comment oserait-elle paraître aux yeux de son époux?... Comment plus tard... supporterait-elle les regards de sa tante?...

Demain dans la nuit nous partons en secret.

Pour ne rien oublier, mettons en note les principales dispositions.

Envoyer des relais de chevaux à moi pour aller jusqu'à *** par la traverse, afin de ne pas laisser prendre nos traces : c'est vingt-cinq lieues de gagnées.

Prendre la poste à *** ; en trente heures nous sommes sur la frontière...

Une fois là, le premier bruit de cet enlèvement apaisé..... nous attendrons les événements..... peut-être reviendrons-nous en France..... peut-être Belmont sera-t-il arrêté.

. . . .

Doux-Repos, septembre 18.. [1].

« Vous m'avez demandé, Marie, de vous raconter ma vie tout entière.

» Pour toujours nous avons rompu avec le monde. Retirés ici, dans ce paisible et charmant séjour, avec notre enfant, depuis deux ans nous y vivons au sein d'un bonheur ineffable..

» Vous êtes mon ange, mon sauveur, mon Dieu... mon amour... mon seul bien, parce que vous renfermez en vous tous les trésors de l'âme, du cœur et de l'esprit.

» Au sein de notre profonde solitude, chaque jour amène une joie nouvelle qui vous rend plus chère à mon cœur.

» Ainsi les perles des mers doivent, dit-on, leur éclat impérissable et de plus en plus splen-

---

[1] On voit par cette date que le journal est interrompu depuis trois ans, et que ces dernières lignes ne sont qu'une note écrite par le comte en confiant son manuscrit à Marie, habitant alors avec lui le Cottage situé dans le midi. (Voir le premier volume.)

dide aux précieuses nuances que chaque vague leur apporte.

» Vous me dites souvent, Marie, que mon caractère est noble, généreux, mais surtout *bon* à l'excès.

» Quand vous saurez ma vie, Marie, ma belle et douce Marie, vous verrez qu'hélas! j'ai été souvent... dur et méchant.

» Cette bonté dont vous me louez... c'est donc à vous que je la dois!

» Sous votre sainte influence, mon bel ange gardien, tous mes mauvais instincts ont disparu, tous mes sentiments élevés se sont exaltés... en un mot, je vous ai aimée;... je vous aime comme vous méritez d'être aimée.

» Vous aimer ainsi, et être aimé de vous ainsi que vous m'aimez, Marie... c'est se sentir le premier d'entre les hommes... c'est avoir le droit de dédaigner toutes les gloires, toutes les ambitions, toutes les fortunes.

» C'est avoir dépassé la limite du bonheur possible...

» Ce bonheur surhumain m'effraierait, si nous ne l'avions pas acheté par vos terreurs, par vos remords, pauvre femme!...

» Ces remords ont été, sont encore parfois

votre seul chagrin : l'heure est venue de vous en délivrer.

» Vous saurez quel est celui que vous avez épousé, et que, depuis deux ans, vous croyez condamné à une prison perpétuelle pour crime politique.

» Plus tard, vous saurez aussi pourquoi jusqu'ici je vous ai caché ce secret.

» Ces lignes que j'écris sur ce journal qui retrace presque tous les événements de ma vie, jusqu'au moment où nous avons quitté Cerval, seront les dernières que j'y tracerai...

» A quoi bon désormais ces froides confidences!...

» C'est dans votre cœur angélique, Marie, que j'épancherai désormais toutes mes impressions... ou plutôt l'unique et adorable impression de bonheur enivrant que je vous dois.

» Vous lirez donc ce journal, Marie; vous verrez que si j'ai été bien coupable, j'ai bien souffert...

» Vous verrez racontées les premières émotions de notre amour...

» Depuis notre départ de Cerval j'ai interrompu ce journal... Qu'aurais-je pu écrire? Ce que je vous ai dit pour l'avenir, Marie, doit aussi s'appliquer aux années passées près de vous.

» Vous n'y trouverez ni la date de la naissance de notre Arthur... de notre enfant... la plus grande félicité que j'ai encore ressentie... ni la date de ce jour affreux où je faillis vous perdre... ici... la plus terrible douleur qui m'ait encore torturé...

» Tant que dura l'exaltation, le paroxisme de cette joie inconnue, de ce chagrin inconnu... je ne pensai pas, je ne réfléchis pas, je n'agis pas, je n'existai pas...

» Lorsqu'on *se voit* souffrir, lorsqu'on *se voit* être heureux, le malheur ni le bonheur ne sont arrivés à leur dernier terme...

» Jusqu'alors j'avais atrocement souffert, j'avais eu des joies bien vives... mais je n'avais pas été tellement absorbé que la réflexion ne me restât.

» J'ai parlé de bonheur inconnu... Marie, et pourtant la date du jour charmant où je ne doutai plus de votre amour est sur ce journal... tandis que la date du jour de la naissance de notre Arthur ne s'y trouve pas...

» Votre âme si délicate comprendra, appréciera, n'est-ce pas ? cette différence si profonde.

» Quant à notre enfant, Marie, à notre bel

LE DÉPART.

et adorable enfant, nous songerons à son avenir, et...

. . . .

. . . . »

———————

Ces mots sont les derniers du journal d'un inconnu.

Par les rapprochements de la date et des renseignements donnés par le curé du village de ***, dans le premier volume, on voit que ce dernier passage dut être écrit le jour ou la veille du triple assassinat commis sur le comte, sur Marie et sur leur enfant, par Belmont, le pirate de Porquerolles, qui, étant parvenu à s'évader de sa prison et à connaître la retraite du comte, voulut tirer de celui-ci une terrible vengeance avant de quitter à tout jamais la France.

FIN.

TABLE DES CHAPITRES.

MADAME LA PRINCESSE DE FERSEN.

(SUITE.)

Chapitre L. Un ministre amoureux.	1
LI. Les Tuileries.	21
LII. *L'Ours et le Pacha*.	34
LIII. L'entrevue.	40
LIV. Une mission.	47
LV. Diplomatie.	65
LVI. Irène.	81
LVII. Le Bocage.	92
LVIII. Jours de soleil.	100
LIX. Une femme politique.	127
LX. Propos du monde.	139
LXI. Dernière soirée.	150

MARIE BELMONT.

Chapitre LXII. Marie Belmont.	168
LXIII. Le portrait.	200
LXIV. Le départ.	218

FIN DE LA TABLE.

Les ŒUVRES COMPLÈTES DE M. EUGÈNE SUE se composent aujourd'hui de 64 volumes in-8º à 7 fr. 50, dont le prix total serait de 457 fr. 50 c., savoir.

La Salamandre............	2 vol in-8º.	15 »
La Coucaratcha............	3 vol. in-8º.	22 50
Deleytar.................	2 vol in-8º.	15 »
Deux histoires............	2 vol. in-8º.	15 »
Plick et Plock............	1 vol. in-8º.	7 50
Atar-Gull................	2 vol. in-8º.	15 »
La Vigie de Koat-Ven.....	4 vol. in-8º.	30 »
Thérèse Dunoyer..........	2 vol. in-8º.	15 »
Latréaumont.............	2 vol. in-8º.	15 »
Paula Monti.............	2 vol. in-8º.	15 »
Le Morne au Diable.......	2 vol. in-8º.	15 »
Le Commandeur de Malte..	2 vol. in-8º.	15 »
Mathilde................	6 vol. in-8º.	45 »
Arthur..................	4 vol. in-8º.	30 »
Les Mystères de Paris.....	10 vol. in-8º.	75 »
Le marquis de Létorière...	1 vol. in-8º.	7 50
Jean Cavalier............	4 vol. in-8º.	30 »
Le Juif-Errant...........	10 vol. in-8º.	75 »
	64 vol.	457 50

Chacun de ces volumes, imprimé dans le format in-18 que les bibliophiles connaissent sous le nom de format-Cazin, coûtera

1 franc.

www.ingramcontent.com/pod-product-compliance
Lightning Source LLC
Chambersburg PA
CBHW071913160426
43198CB00011B/1284